Mathematik für Manager

Ulrich Holzbaur

Mathematik für Manager

Erfolg durch Mathematisches Denken

Ulrich Holzbaur
Aalen, Baden-Württemberg
Deutschland

ISBN 978-3-658-19663-9   ISBN 978-3-658-19664-6   (eBook)
https://doi.org/10.1007/978-3-658-19664-6

Die Deutsche Nationalbibliothek verzeichnet diese Publikation in der Deutschen Nationalbibliografie; detaillierte bibliografische Daten sind im Internet über http://dnb.d-nb.de abrufbar.

Springer Gabler
© Springer Fachmedien Wiesbaden GmbH 2018

Gedruckt auf säurefreiem und chlorfrei gebleichtem Papier

Springer Gabler ist Teil von Springer Nature
Die eingetragene Gesellschaft ist Springer Fachmedien Wiesbaden GmbH
Die Anschrift der Gesellschaft ist: Abraham-Lincoln-Str. 46, 65189 Wiesbaden, Germany

Inhaltsverzeichnis

Einführung

Sapere Aude! Denke – aber richtig!
Brauchen Manager Mathematik? Wenn ja: welche? Welche Formeln sind dabei wichtig? Die letzte Frage ist leicht zu beantworten: die Formeln sind nicht das Entscheidende, es kommt auf die Denkweise an.

▶ Mathematik ist in den Natur-, Ingenieurs- und Wirtschaftswissenschaften ein unverzichtbares Hilfsmittel. Das Management greift zwar auf die Wirtschaftsmathematik zurück, aber ein Manager benötigt mehr als Formeln. Er oder sie – braucht die mathematische Denkweise und die Methoden und Modelle der Mathematik. Auch im Bereich der Führung sind mathematisches Denken als Hintergrund für Entscheidungen und Modelle als Basis für die Kommunikation notwendig.

Optimierung, Planung, Statistik, Operations Research, Informatik, Künstliche Intelligenz und Digitalisierung sind Bereiche, die ohne die Mathematik nicht vorhanden wären, und die auch ohne mathematische Grundlagen nicht verständlich sind.

Wir gehen im Folgenden über den engen Bereich der Mathematik für den Manager hinaus, sodass die grundlegenden Prinzipien für jeden – Manager oder nicht, mathematikinteressiert oder nicht – eine Hilfe beim täglichen Denken und Entscheiden sein können.

© Springer Fachmedien Wiesbaden GmbH 2018
U. Holzbaur, *Mathematik für Manager,*
https://doi.org/10.1007/978-3-658-19664-6_1

1.1   Mathematik für Alle

Ob jemand den gleichen Fehler zweimal macht,
hängt meist davon ab, wie er „gleich" definiert.

In Mathematik schlecht (gewesen) zu sein, gehört heute fast zum guten Ton. Ein
Manager sollte sich diese Blöße nicht geben müssen. Der Umgang mit Strukturen, Zusammenhängen und Größenordnungen gehört für ihn zu den unabding-
baren Voraussetzungen. Dynamik, Komplexität und Entscheidungen sind sein
tägliches Brot. Wenn Sie bei diesen Begriffen nicht an Mathematik denken, ist
das nicht Ihre Schuld, sondern die der (Hoch-) Schulmathematik, die häufig in
den Niederungen von antrainierten Verfahren stecken bleibt, weil die Zeit und die
Voraussetzungen für die interessanten und relevanten Themen fehlen.
    Auch für jeden anderen und jede andere sind die Fähigkeit zum strukturier-
ten Umgang mit Problemen und elementare mathematische Kenntnisse wichtig.
Dabei geht es in der Mathematik wie in der Statistik nicht nur um das eigene
korrekte und sinnvolle Anwenden, sondern auch um das Verstehen und Beurtei-
len von Anwendungen. Kritisches Denken bewahrt vor eigenen Fehlern und vor
der Manipulation durch andere. Selbst korrekte Formeln können nämlich mit dem
falschen Ansatz, fehlerhaftem Realitätsbezug oder in einem unpassenden Einsatzbereich angewendet werden und dann zu fehlerhaften oder falschen, nutzlosen
oder irreführenden Ergebnissen führen. Die Exaktheit der Mathematik überträgt
sich auf die scheinbare Unantastbarkeit mathematischer Ergebnisse. Die meisten Erwachsenen haben aus ihrer Schulzeit einen tiefen Respekt (manchmal auch
Angst) oder eine gewisse Verachtung für die Mathematik herübergerettet. Dazu
kommt, dass mangelnde Mathematikkenntnisse in der Gesellschaft toleriert werden. Durch diese Mischung von Ignoranz, Arroganz und Distanz werden „mathematische" Ergebnisse unangreifbar, man glaubt an die Zahlen und Formeln.
Damit sind der Manipulation Tür und Tor geöffnet. Dies ist eine Gefahr – für die
Mathematik und für den Manager, da sie beide diskreditieren und hohen Schaden
verursachen kann. Deshalb zeigen wir im Folgenden einen Weg zum Verständnis
und zur Nutzung der Mathematik sowie zum mathematischen Denken auf.

1.2   Mathematik im Management

Der Einsatz der Mathematik im Management ist nicht auf die Buchführung oder
das Controlling beschränkt. Mathematik ist mehr als der Umgang mit Zahlen. Die
Modellierung und Analyse von Systemen und die daraus abgeleiteten Schlussfol-
gerungen sind mindestens genauso wichtig wie Formeln und Berechnungen. Eine

wichtige Aufgabe mathematischer Modelle ist die Beschreibung der Realität, um daraus Einsichten, Konsequenzen und Entscheidungen abzuleiten. Dabei werden Strukturen und Zusammenhänge beschrieben, die dann beispielsweise als Basis einer Analyse oder als Planung zukünftiger Entwicklungen dienen. Neben der Optimierung spielt im Bereich des Managements die strategische Planung mittels spieltheoretischer Konzepte eine wichtige Rolle. Außerdem geht es für den Manager nicht nur darum, die Mathematik anzuwenden, sondern vielmehr durch mathematisches Denken besser zu führen, bessere Entscheidungen zu treffen und mit besseren Strukturen die Zukunft zu gewinnen.

> Mit einer Fünf in Mathe hätte SAP niemals zum Klassenprimus für Unternehmenssoftware werden können (Henning Kagermann in Greuel et al. 2008).

Die Mathematik kann die komplexen Probleme des Managers ebenso wenig vollständig beschreiben wie diejenigen des Ingenieurs. Im Gegensatz zu den Naturwissenschaften sind in Management und Technik die Probleme so komplex, dass sie sich einer geschlossenen mathematischen Behandlung entziehen. Aber ein Ingenieur, der eine Brücke oder Rakete ohne Verwendung der mathematischen Methoden bauen wollte, würde wegen Fahrlässigkeit angeklagt werden, und analog sollte die Verwendung qualitativer und quantitativer Methoden im Management etabliert werden.

Eine Managementmathematik in Analogie zur Ingenieursmathematik hat sich noch nicht etabliert. Der Manager braucht eine ganz andere Art von Mathematik. Auch wenn er manchmal mit dem spitzen Bleistift rechnen muss: Strategie, Planung und Organisation sind meist wichtiger. Hier ist besonders mathematisches Denken notwendig – nicht der Satz des Pythagoras und das Integral, sondern Abstraktionsfähigkeit, Modelle und Strukturen. Auch die klare Unterscheidung von Zielen und Mitteln ist ein wichtiger Aspekt mathematisch strukturierten Herangehens. Dadurch verfolgt man klare Ziele, leitet gute Entscheidungen ab und vermeidet Fehlentscheidungen.

Das vorliegende Werk will kein Lehrbuch der Managementmathematik sein, sondern es will dem Leser aufzeigen, wo mathematisches Denken und Modelle im Management eine wichtige Rolle spielen und wie er die Mathematik nutzen kann, um als Manager erfolgreich zu sein.

Dabei umfasst für uns der Begriff Manager nicht nur den klassischen Manager, sondern den Unternehmer genauso wie jeden, der in seinem Bereich Verantwortung für Ergebnisse trägt. „Der" Manager kann ebenso eine Frau sein, denn Management betrifft nicht nur Hausmänner, sondern auch Unternehmerinnen, Geschäftsführerinnen, Ingenieurinnen und Oberbürgermeisterinnen.

Dieses Buch wurde für Verantwortungsträger geschrieben: für Menschen, die ihren Beitrag leisten wollen, bessere Ergebnisse zu erzielen. Dabei richtet es sich an den Manager und seine Mitarbeiter und Vorgesetzten, an den Lehrer und seine Schüler und Lehrplanverantwortlichen, an den Professor und seine Studenten und die Hochschulleitung. Es möchte dazu anregen, bei der Suche nach Zielen, Plänen und Entscheidungen zu einen strukturierten und ganzheitlichen Denken und zu einem im wahrsten Sinne des Wortes rationalen Entscheiden zu kommen. Darüber hinaus will es auch dazu beitragen, in der (Hoch-) Schulmathematik als Lernender und Lehrender die interessanten Aspekte der Mathematik nicht ganz aus den Augen zu verlieren. Vor allem aber will es ein besseres Management fördern.

1.3   Mathematik und Manager

Ein Nichtmathematiker, auf die Mathematik angesprochen, wird sich eher an die Schulmathematik – Rechnen und Raumlehre – erinnern und einen Zusammenhang mit dem Thema Management zunächst einmal verneinen oder auf die Buchführung verweisen. Ein Mathematiker, auf das Management angesprochen, wird die Zusammenhänge zwischen einem handfesten Verwaltungsjob mit Meetings und Reisen und der Ästhetik mathematischer Formeln ebenfalls verneinen. Dabei liegen sie beide falsch: Die Grundprinzipien des Managements und der Mathematik sind dieselben, nämlich Strukturen und Modelle.

Manager und Mathematiker bemühen sich, Strukturen zu schaffen, mit denen komplexe Systeme einfacher behandelt werden können. Was dem einen seine Unternehmensorganisation mithilfe der Matrixstruktur oder das Marketingportfolio ist, ist dem anderen seine Darstellungstheorie von Körpern oder die Topologie. Dabei ist klar, dass nicht nur die Mathematik und das Management ein breites Spektrum umfassen, sondern auch, dass es „den" Mathematiker und „den" Manager gar nicht gibt. Der abstrakt orientierte Mathematiker, der sich an der Ästhetik der Formeln erfreut, unterscheidet sich vom seinem modellierenden Kollegen, der konkrete Probleme der realen Welt im Hinterkopf hat, ebenso wie der self-made Unternehmer vom promovierten Controller.

Dabei sind Kreativität und Mathematik kein Widerspruch, sondern durchaus korreliert. Damit ist nicht nur die Ästhetik mathematischer Strukturen (Goldener Schnitt, Fraktale) gemeint, sondern vor allem die Kreativität und Intuition, die auch in der Findung neuer Strukturen und Beweise benötigt wird. Die Abstraktion überschreitet Grenzen und ist eine wichtige Basis für das Management.

Die Tab. 1.1 stellt die wichtigen Beziehungen aus Sicht von Mathematik und Management und damit auch die Ziele dieses Buchs zusammen.

Tab. 1.1 Mathematik und Management

	Zielgruppe Manager und Managementinteressierte	Zielgruppe Mathematiker und mathematisch Interessierte
Objekt Mathematik	Verständnis für die Struktur und den Nutzen der Mathematik Aufzeigen von Möglichkeiten zur Nutzung mathematischer Modelle und Methoden	Verständnis für die Nutzung der Mathematik und die Umsetzung im Management und im Leben.
Objekt Management	Besseres Management durch mathematisch strukturiertes Denken	Verständnis für die Struktur und Zusammenhänge im Management

1.4 Mathematisches Denken für Manager

Bei Mathematik für Manager denkt man unwillkürlich an das Rechnen. Wir werden sehen, dass dies nicht der Kern der Managermathematik ist, greifen aber diese Frage zunächst auf:

Wie sollen Manager rechnen?
Einige Antworten darauf können sein:

- Schnell und strukturiert: Größenordnungen statt Nachkommastellen,
- Modellbasiert und der Realität angemessen,
- Sensibilitätsorientiert und kritisch,
- Ganzheitlich unter Betrachtung der relevanten Effekte,
- Qualitativ und strukturiert auf unterschiedlichen Abstraktionsebenen,
- Quantitativ mit der notwendigen Genauigkeit.

Im Folgenden wird aufgezeigt, dass es bei der Mathematik für das Management um sehr viel mehr geht als um das Rechen: Der Erfolgsfaktor liegt im mathematischen Denken.

1.5 Übersicht

Dieses Buch ist nach einer klaren Struktur aufgebaut. Dadurch geht zwar einiges an Flexibilität verloren, und es ist ein zusätzlicher Strukturierungsaufwand notwendig, aber im Sinne einer klaren Kommunikation sind Strukturen nützlich.

Und das soll sich auch in der Struktur eines Buchs über Mathematik und Management widerspiegeln.

Zunächst machen wir einige grundlegende Überlegungen zu den grundlegenden Begriffen anhand der 5M: Modell, Mensch, Mathematik, Management und Methode. Die Ausgangspunkte aus Sicht des Managements erläutern wir anhand der 5 Z, die die wichtigsten Anwendungsbereiche mathematischen Denkens auf das Management widerspiegeln: Zahl, Zusammenhang, Zeit, Zufall und Ziel. Die Mathematik selbst wird anhand der 5 A dargestellt, die die Brücke zur Schulmathematik schlagen: Arithmetik, Algebra, Aussagen, Analysis und Algebraische Geometrie.

Als eine kleine Auswahl unter den vielen Anwendungen stellen zehn ausgewählte Themenbereiche und zwei umfangreichere Beispiele die Bezüge zwischen den Grundlagen und den Anwendungen her. Insgesamt führt die Struktur des Buchs von den allgemeinen Überlegungen in Mathematik und Management zu speziellen Gebieten wie Abb. 1.1 grafisch darstellt.

Dabei wählen wir 10 mögliche Kombinationen aus, die jeweils eine der management-relevanten Z-Komponenten mit jeweils einer der A-Komponenten aus der Mathematik verknüpfen

- Präferenzen
- Analytische Optimierung

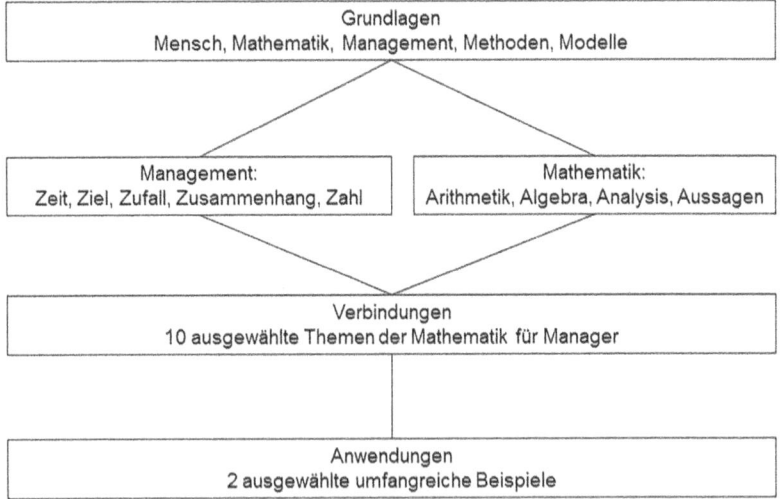

Abb. 1.1 Themen aus Management und Mathematik

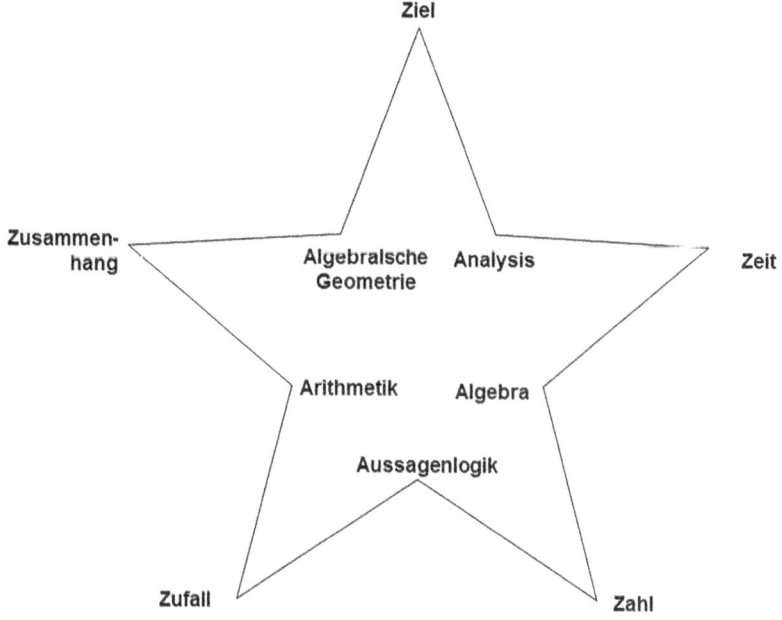

Abb. 1.2   Zehn der Kombinationen der 5 M und 5 A

- Differenzialgleichungen
- Systemtheorie
- Eins und eins ist zwei
- Mengenlehre
- Wahrscheinlichkeiten
- Stochastisches Schließen
- Rechengesetze
- Lösungsstrukturen

Dabei wird jedes der 5 Z mit jeweils zwei der 5 A in Beziehung gebracht und umgekehrt. Das ganze lässt sich auch leicht grafisch darstellen und damit haben wir in Abb. 1.2 ein einfaches Modell für die Struktur dieses Buches.

Abschließend runden zwei umfangreichere Beispiele und einige generelle Überlegungen das Ganze ab.

▶ **Hinweise**

Hinweis 1: Um im Rahmen dieses Buchs auch komplexere und anwendbare Elemente der Mathematik behandeln zu können, muss häufig auf die mathematische Strenge von Definitionen und Begriffsverwendungen verzichtet werden. Die Begriffe und Sätze sind in allen einschlägigen Büchern und online zu finden, deshalb wird auch auf Quellenangaben verzichtet.

Hinweis 2: Aus Gründen der sprachlichen Gestaltung wird ab und zu auf die explizite Nennung beider Geschlechter verzichtet. Die Begriffe Mathematikerin und Managerin beziehen immer auch die männliche Form mit ein und umgekehrt, und sind als Rollenbeschreibung zu verstehen.

5-mal M: von der Mathematik zum Management

2

Mathematik und Management – im Mittelpunkt der Mensch

▶ Eine Basis für die Darstellung des Zusammenhangs zwischen den beiden M im Buchtitel – Mathematik und Management – und damit auch zwischen dem Formalismus und der Anwendung ist die Modellbildung. Dazu kommen die Methoden, d. h. die Operationalisierung der Mathematik und nicht zuletzt der Mensch als Subjekt – als Manager und Mathematiker – und als Objekt, dem die Mathematik und das Management dienen sollen.

2.1 Mathematik

Königin und Dienerin der Wissenschaften

Der Duden beschreibt die Mathematik als „Wissenschaft, Lehre von den Zahlen, Figuren, Mengen, ihren Abstraktionen, den zwischen ihnen möglichen Relationen, Verknüpfungen". Damit beschreibt er die beiden Ausgangspunkte – Zahlen und Figuren – und das, was die Mathematiker daraus machen – Abstraktionen und komplexere Strukturen.

Dabei stehen die Zahlen als Ausgangspunkt für die Arithmetik und das Rechnen, während die Figuren für die Geometrie und räumliche Überlegungen stehen. Dies spiegelt sich auch in einer früheren Bezeichnung des Schulfachs „Rechnen und Raumlehre" wider. Diese Verbindung werden wir in Abschn. 4.4.1 betrachten.

Da für den Manager die Zahlen und die Strukturen der Arithmetik, Algebra und Analysis eine wichtigere Rolle spielen als die Elemente der Geometrie, werden wir uns im Folgenden darauf konzentrieren.

© Springer Fachmedien Wiesbaden GmbH 2018
U. Holzbaur, *Mathematik für Manager,*
https://doi.org/10.1007/978-3-658-19664-6_2

2.1.1 Mehr als Rechnen

Mathematik ist also deutlich mehr als Zählen und Zeichnen. Das Zentrale ist die Beschäftigung mit den Regeln und Strukturen, die darüber liegen. Dabei beschäftigt sich der Mathematiker mit dem Finden neuer Regeln und dem Schaffen neuer Strukturen und Begriffe.

Rechnen und Mathematik – Beispiel Adventskranz

Ein einfaches Beispiel für den Übergang vom Rechnen zur Mathematik bietet der Adventskranz mit seinen vier Kerzen. Das Zählen auf 4 ist elementar, spannender ist bereits das Zurückrechnen, das wir anwenden, um festzustellen, wann der erste Advent ist. Wenn wir uns den Adventskranz an Weihnachten anschauen, stellen wir fest, dass noch viel Wachs übrig ist. Eine interessante Rechnung ist, wie viele Kerzen aus dem übrig gebliebenen Material wieder gegossen werden können.

Man kann sich nun die Frage stellen, ob man die Kerzen so anzünden kann, dass am Schluss alle gleich weit herunter gebrannt sind. Eine Frage, die ein Mathematiker sich stellen könnte, wäre: Bei welcher Anzahl von Kerzen kann man diese so anzünden, dass nacheinander jeweils 1, 2, 3 … Kerzen brennen und am Schluss alle Kerzen ganz abgebrannt sind? Eine mögliche Erkenntnis für das Management wäre die Tatsache, dass es dabei viel leichter ist, das Anzünden der Kerzen rückblickend von den letzten zu den ersten zu planen – dann kann man nichts falsch machen.

Als zweites Beispiel betrachten wir ein Gesetz und davon abgeleitet einen Begriff.

Gesetze und Begriffe – Beispiel Kommutativität

Wer das kleine Einmaleins auswendig lernen musste, dem ist wohl irgendwann aufgefallen, dass das Ergebnis der Multiplikation beim Vertauschen der Faktoren gleich bleibt, also beispielsweise gilt: $7 \cdot 8 = 8 \cdot 7$. Dieser Effekt ist schon von der Addition bekannt, und so liegt es nahe, diesem Phänomen einen Namen zu geben: Wir führen also den Begriff Kommutativgesetz ein durch die Forderung, das für alle Elemente die $a \circ b = b \circ a$ gelten soll. Das Kommutativgesetz gilt beispielsweise für die Addition und die Multiplikation. Ganz speziell also das Kommutativgesetz der Multiplikation: Es gibt $a \cdot b = b \cdot a$. Dies ist nun eine mathematische Aussage über die Multiplikation.

Wir können nun eine Definition einführen:

▶ Eine Verknüpfung ∘ heißt kommutativ, wenn für alle Elemente a und b gilt:
a ∘ b = b ∘ a.

Was haben wir nun gewonnen? Wir können uns darüber unterhalten, welche
Verknüpfungen kommutativ sind und welche nicht. Betrachten wir als Operation ∘ die Verkettung (Hintereinander-Ausführung) zweier Bewegungen eines
Objekts in der Ebene, so sind beispielsweise sowohl die Translationen (Ver-
schiebungen) als auch die Rotationen (Drehungen) jeweils unter sich kommutativ. Die Änderung der Reihenfolge in der Ausführung einer Translation und
einer Rotation führt aber zu einem anderen Ergebnis, die allgemeine Verkettung von Bewegungen (Abb. 2.1) ist also nichtkommutativ.

Weitere Beispiele für nichtkommutative Verknüpfungen sind die Multiplikation von Matrizen oder die Verknüpfung von Funktionen. Wir können uns
überlegen, welche Gesetze auch dann gelten bzw. welche Regeln nicht mehr
gelten, wenn eine Verknüpfung nicht kommutativ ist

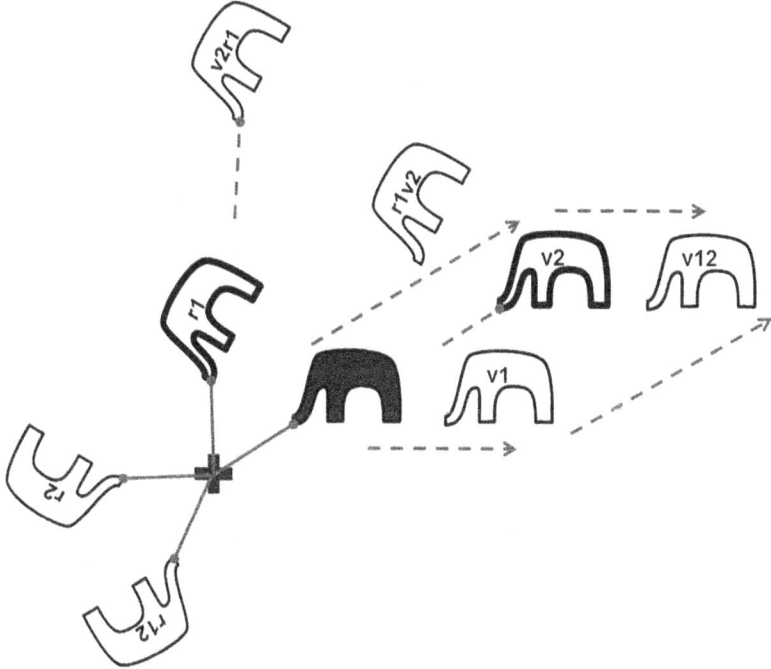

Abb. 2.1 Translation und Rotation

2.1.2   Kultur und Kreativität

Mathematik ist auch ein wichtiger Teil der Kultur. Das Gebäude der Mathematik wurde zwar durch den Menschen geschaffen, die Mathematik ist aber universell gültig. Die Mathematik ist einerseits für viele Bereiche der Wissenschaft eine wichtige Grundlage und steuert wichtige Hilfsmittel bei. Andererseits ist sie selbst eine Wissenschaft, die durch ihre Abstraktion von keiner anderen Wissenschaft abhängig ist. Die Rolle der Mathematik als „queen and servant of science" wird beispielsweise in (Bell 1951) thematisiert.

Mathematik erscheint häufig als etwas Trockenes, aber auch Sicheres. Das mag für den Durchschnittsschüler gelten, der mathematische Begriffe und Gesetze lernen muss und für den sich das Gedankengebäude der Mathematik als etwas Solides, Strukturiertes, wenn auch schwer Zugängliches darstellt. Aber dieses Gedankengebäude wurde von Menschen geschaffen. Mathematiker lernen nicht Mathematik sie betreiben Mathematik und arbeiten damit am Bau dieses Gebäudes mit. Das ist vergleichbar mit dem Manager, der das Organigramm seines Unternehmens nicht auswendig lernen muss, sondern die Prinzipien der Organisation selbst festlegt. Dabei werden neue Begriffe eingeführt, um Schreibweisen zu verkürzen und Zusammenhänge verständlich zu machen. Der „key account manager" ist ebenso ein neu kreierter Begriff wie der „Sattelpunkt" in der Spieltheorie. Jeder Manager und Mathematiker kreiert neue Begriffe im Kopf, die dann durch eine Bezeichnung konkretisiert und damit bearbeitbar und kommunizierbar werden.

Die Kunst, einen komplexen Sachverhalt durch Zusammenhänge und Beispiele zu erschließen, mögliche Aussagen zu überprüfen und letztendlich zu beweisen und erkannte Zusammenhänge durch neue Begriffe klarer zu fassen, ist ein durchaus kreativer Prozess, den man in Mathematikbüchern kaum findet. Hier sei z. B. auf (Polya 1971) hingewiesen.

Heuristik: die Kunst des Findens

Heuristik	Die Heuristik ist die „Kunst der Lösungsfindung" d. h. das Vorgehen bei der Lösung mathematischer Probleme. Dieses kann nicht formalisiert oder automatisiert werden, sondern erfordert Kreativität und Erfahrung.
Heuristik	Ein Verfahren nennt man heuristisch (oder eine Heuristik), wenn es nicht mathematisch bewiesen wurde, sondern aufgrund der Erfahrung eine Lösung liefert und deshalb in der Praxis verwendet werden kann. Eine Heuristik ist also ein in einem bestimmten Anwendungsbereich brauchbarer Algorithmus.

Schritte der heuristischen Lösungsfindung nach (Polya 1971)
1. Verstehe das Problem: Was ist bekannt und gegeben, was unbekannt und gesucht?
2. Entwickle eine Lösungsstrategie ausgehend von verwandten Problemen und Erfahrungen.
3. Löse das Problem schrittweise.
4. Überprüfe die Lösung auf formale Korrektheit, Plausibilität und Nutzen.

Das schrittweise Herantasten an die Lösung kann sehr unterschiedliche Ansätze beinhalten, beispielsweise:

- Zerlege das Problem in mehrere einfachere Teilaufgaben.
- Führe das Problem auf ein bereits gelöstes Problem zurück.
- Versuche zu zeigen, dass das Problem nicht lösbar ist.
- Versuche, einfache Sonderfälle oder Grenzfälle zu lösen.
- Verallgemeinere das Problem, löse ein komplizierteres Problem.

Beispiel Fortbewegung

Will man das Problem der Fortbewegung von Tieren verstehen, so kann man mit der Studie von Zweibeinern anfangen. Man kann aber auch mit der Abstraktion von null (hüpfende Kugel) oder unendlich vielen (Kontinuum, beliebig viele) Beinen starten. Man kann auch zunächst statt dem Gehen das Stehen betrachten oder statt der flächigen Auflage (Fuß) mit einer punktförmigen Auflage beginnen.

2.2 Methoden

Und wie geht das?
Methoden und Algorithmen erlauben die Umsetzung der Konzepte der Mathematik auf reale Situationen. Dazu wird aus einem mathematischen Ergebnis eine Aussage über das Verhalten eines Algorithmus hergeleitet. Mit Algorithmen gewinnt man also aus einem mathematischen Satz einen handlungsorientierten Satz der Form:
Wenn man das … hat und das … macht, erhält man dieses …

2.2.1 Algorithmen

Algorithmen beschreiben Abläufe in mathematischer Form. Damit sind sie auf dem Computer umsetzbar. Auch die Methoden der Künstlichen Intelligenz brauchen

für die Umsetzung im Computer Algorithmen, beispielsweise zur Abarbeitung von
Regeln und Begriffen oder zum Anlernen und Nutzen von Neuronalen Netzen.

Als Beispiel sei der Algorithmus zur Bestimmung des größten gemeinsamen
Teilers zweier Zahlen genannt. Wir präsentieren einen einfachen, langsameren
und einen etwas komplexeren Algorithmus.

GGT als exemplarischer Algorithmus

Bestimmung des größten gemeinsamen Teilers GGT zweier Zahlen N und M.

Satz 0:
$GGT(N, N) = GGT(N, 0) = N$
Satz 1:
$GGT (N, M) = GGT (N - M, M) = GGT (N, M - N)$
Algorithmus 1:
Subtrahiere die jeweils größere von der jeweils kleineren Zahl,
so lange bis die Zahlen gleich sind.

Satz 2:
$GGT (N, M) = GGT (N \bmod M, M)$
Algorithmus 2:
Dividiere N durch M, der Rest sei R.
Falls $R = 0$ ist, ist der größte gemeinsame Teiler gefunden $GGT = M$.
Andernfalls setze $N = M$, $M = R$ und wiederhole das Ganze.

Beispiel: 1921, 918 ergibt die Zahlenreihe 1921, 918; 85, 68; 17; 0 also GGT
$(1921, 918) = 17$

2.2.2 Programmierung

Methoden sind die Basis dafür, Aufgaben abzugeben, d. h. sie an Mitarbeiter zu
delegieren, an Dienstleister oder Zulieferer abzugeben oder Computer dafür zu
programmieren. Die Entwicklung und Darstellung von Methoden und ihre Aufbe-
reitung als Computerprogramm ist die Basis der Erfolgsgeschichte der Computer.

Solche Methoden umfassen Verfahren für die

- Darstellung, Komprimierung, Speicherung und Verarbeitung von Daten wie
  Texten, Musik, Bildern, produkt-, produktions- und kundenbezogenen Daten,
  raumbezogenen Daten und vielem mehr

- Darstellung und Auswertung von Daten und Prozessen in Unternehmen und Systemen
- Entscheidungsunterstützung und Planung, Speicherung und Verarbeitung von Wissen.

Eine Programmiersprache erlaubt es, die Anweisungen so zu formulieren, dass diese von einem Computer interpretiert werden können. Je intelligenter die Systeme werden, umso einfacher wird es, Anweisungen in einer Sprache zu formulieren, die der natürlichen nahe kommt. So könnte man sich durchaus vorstellen, dass ein Computer die obigen Formulierungen des GGT-Algorithmus oder gar die zugrunde liegenden Sätze versteht und damit den GGT bestimmen kann. In einer eher für die Programmierung typischen Sprache wird der oben dargestellte Algorithmus beispielsweise folgendermaßen formuliert:

GGT als Programm

GGT (in: N,M; out: N)

Wiederhole bis $N = M$

wenn $N > M$ dann $N = N - M$ sonst $M = M - N$

GGT (in: N,M; out: N)

Wiederhole bis Rest $= 0$

{T = GANZZAHL (N/M); Rest $= N - T \cdot M$; N = M; M = Rest}

GGT (in: N, M; out: N)

Wenn $M = 0$: fertig

sonst: T = GANZZAHL (N/M); GGT(M, $N - T \cdot M$, N)

mit einer angenommenen Funktion GANZZAHL, die die Nachkommastellen abschneidet.

Der Aufruf GGT(1921, 918, X) ergibt dann $X = 17$.

2.2.3 Paradigmen

Methoden begegnen uns nicht nur als Rechenvorschriften, sondern auch als generelle Vorgehensweisen und Lösungsansätze. Damit sind sie ein generelles Vorgehensmodell (Paradigma, Heuristik) bei der Lösung von Problemen. Paradigmen beschreiben den Ansatz, welche Methoden ausgewählt werden, wie die Auswahl erfolgt und welche Grundprinzipien oder Denkansätze angewandt werden. Sie entscheiden letztendlich, welches Weltmodell, die Grundlage für das Vorgehen ist.

Probleme kann man niemals mit der gleichen Denkweise lösen, durch die sie entstanden sind (A. Einstein).

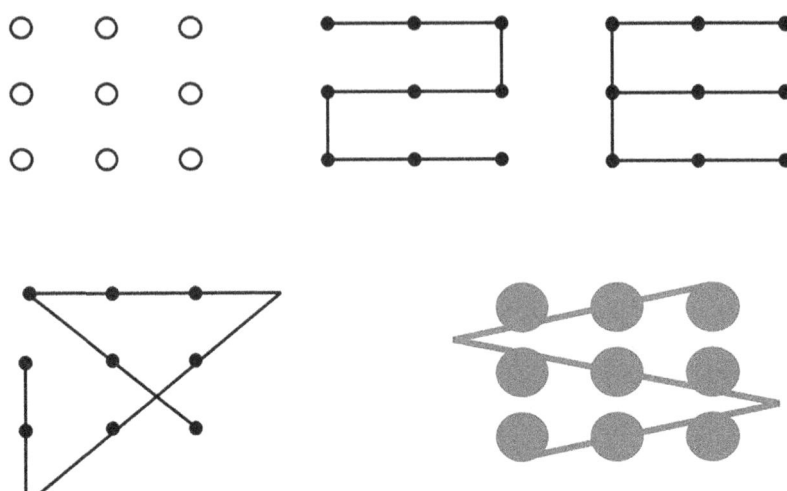

Abb. 2.2 Lösungsansätze zum Verbinden von Punkten mit Linien

Paradigma Lösungsansatz

Die in Abb. 2.2 dargestellte Aufgabe, neun in einem 3X3 Raster angeordnete Punkte durch drei Linien zu verbinden, lässt sich mit dem mathematischen Konzept des Punktes (keine räumliche Ausdehnung) und der Linie (keine Breite) nicht lösen. Verwenden wir reale Punkte und Linien, so wird das Problem einfach.

Die Aufgabe, die abstrakten Punkte durch vier Linien zu verbinden, ohne dabei abzusetzen, lässt sich innerhalb der durch das Raster gegebenen Fläche nicht lösen, wohl aber durch Nutzung einer größeren Fläche.

2.3   Modelle

Das Modell ist nicht die Realität – aber ein guter Ersatz

Ein Modell ist ein System von Begriffen, das dazu dient, ein reales System abzubilden und Probleme im realen System durch formale Manipulation im Modell zu lösen. Das Modell schlägt die Brücke zwischen Mathematik und Realität. Die Erstellung eines Modells geschieht im Allgemeinen dadurch, dass ausgehend von einem realen Problem das Problem und sein Umfeld (System) modelliert und in mehreren Stufen immer mehr formalisiert werden, bis eine mathematische

Behandlung möglich ist. Man kann aber auch den umgekehrten Weg gehen und zu einem mathematischen System ein reales System beschreiben und dann dieses in der Realität suchen oder schaffen. Letzteres ist der Weg, den man bei der Entwicklung von Produkten geht: Aus der abstrakten formalen Beschreibung wird ein konkretes reales Objekt.

2.3.1 Modell und Atlas

Die folgende Darstellung dient nicht nur der Klärung, was ein Modell ist. Sie kann auch als Beispiel dienen, wie Begriffe im Laufe der Überlegungen verfeinert werden. Eine erste grobe Definition geht davon aus, dass man im Modell Teile der Welt betrachtet.

▶ **Modell (naiv)** Modelle sind Abbilder der Realität.

Diese Arbeitsdefinition ist noch sehr grob. Folgende Ergänzungen sind notwendig:

- Modelle beschreiben immer nur einen Teil der Realität.
- Modelle entstehen durch einen Prozess, der Analytik und Kreativität erfordert.
- Modelle abstrahieren von bestimmten Eigenschaften, sie ignorieren die nicht relevanten Objekte, Komponenten oder Attribute.
- Modelle enthalten Strukturen, die im Modellbildungsprozess entstehen oder gefunden werden.
- Modelle dienen einem bestimmten Zweck, im Allgemeinen der Problemlösung.

Damit können wir eine verfeinerte Definition formulieren:

▶ **Modell** Modelle sind strukturierte und abstrahierte Abbilder von Ausschnitten der Realität, die einem bestimmten Zweck dienen.

Modelle sind notwendig, da viele Probleme nicht im Realsystem lösbar sind:

- Realsystem nicht verfügbar (In der Kommunikation oder Problemlösung)
- Notwendige Abstraktion (Allgemeingültigkeit)
- Erkenntnisaspekte (Wiederholbarkeit, Nachvollziehbarkeit des Modells)
- Experiment nicht möglich oder zu teuer (Ressourcenverbrauch)
- Experiment zu gefährlich (Risiko)

Modellebenen
Formale Modelle brauchen nicht nur einen Bezug zur Realität, sondern auch
einen klaren Formalismus. Damit unterscheiden wir drei Ebenen (Semiotik):

- Syntax: bei formalen Modellen die Regeln, denen das Modell gehorchen muss
  (Formaler Aufbau, Korrektheit),
- Semantik: Realitätsbezug (Bedeutung) der Modellkomponenten,
- Pragmatik: Zweck des Modells, angestrebter Nutzen und Einsatzbereich.

▶ **Mathematisches Modell** Ein mathematisches Modell ist ein abstrahiertes
und formalisiertes Abbild eines Ausschnitts und Teilaspekts der Realität, das diesen Ausschnitt mithilfe eines mathematischen Formalismus beschreibt und das
dazu dient, Ergebnisse über das Realsystem oder Problemlösungen im Realsystem mithilfe mathematischer Methoden zu erhalten.

Häufig braucht man zur Beschreibung und Lösung realer Probleme mehrere
mathematische Modelle. Diese lassen sich manchmal in einen einzigen Formalismus integrieren (z. B. dynamische Spiele), meist brauchen wir aber unterschiedliche Formalismen (z. B. ein dynamisches System für die zeitliche Entwicklung
und Graphen für die Vernetzung oder Flüsse im System), die sich aus Komplexi-
tätsgründen nicht in ein einziges formales Modell integrieren lassen. Für diese Art
von mathematischen Modellen verwenden wir in Analogie zur Sammlung unterschiedlicher thematischer Karten den Begriff des Atlas:

▶ **Atlas (komplexes Modell)** Ein Mathematischer Atlas ist eine Sammlung
mathematischer Modelle zu einem gemeinsamen Realsystem und mit einer
gemeinsamen Semantik.

Eine wichtige Komponente mathematischer Modelle sind Formeln, denn diese
beschreiben den Zusammenhang zwischen Größen im Modell.

Formeln – Sinn und Unsinn

In den beiden berühmten Formeln $E = M c^2$ und $a^2 + b^2 = c^2$ hat das Symbol
c jeweils eine andere Bedeutung.

Die Formel $E = m c^2$ kann verwendet werden, um Energie E und Massen-
differenz m ineinander umzurechnen. Sie gilt universell (also auch bezüglich
der Massenzunahme eines Fußgängers aufgrund seiner kinetischen Energie),
sie hat aber eine praktische Bedeutung nur bei Geschwindigkeiten nahe der

Lichtgeschwindigkeit und bei Kernprozessen. Das Symbol c bezeichnet hier die Lichtgeschwindigkeit.

Die Formel $a^2 + b^2 = c^2$ gilt in rechtwinkligen Dreiecken in einer ebenen Geometrie, c ist dabei die Länge der Hypotenuse. Diese Formel kann auch verwendet werden, um rechtwinklige Dreiecke mit ganzzahligen Seitenlängen (pythagoreische Tripel) zu bestimmen. Die Formel gilt in nicht-ebenen Geometrien nicht mehr (z. B. bei rechtwinkligen Dreiecken vom Pol zu zwei Punkten am Äquator).

Die algebraisch herleitbare Formel $E = m \, (a^2 + b^2)$ ist einfach Unsinn, da die Symbole c in den beiden Formeln ganz unterschiedliche Bedeutung (Semantik) haben.

2.3.2 Modellbildung

„Dessine-moi un mouton" mit diesen Worten wendet sich der kleine Prinz an den Flieger Saint-Exupery, der zuvor schon seine Unfähigkeit zu Zeichnen illustriert hat. Genauso hilflos, wie wir vor der Aufgabe stehen, ein Schaf zu zeichnen, stehen wir vor der Modellierung eines schwierigen Problems oder einer komplizierten Struktur. Im fertigen Modell die Realität zu erkennen, ist dann so einfach, wie auf dem Bild das Schaf zu erkennen.

Die Modellbildung geschieht in mehreren Schritten, die im Folgenden kurz beschrieben werden. Dabei können sich Fehler (Mismodelling) in allen Schritten einschleichen.

- Erkenntnisgewinn und Schaffung eines internen mentalen Modells: Das Modell entsteht im Kopf des Bearbeiters durch die Betrachtung unterschiedlicher Aspekte und Perspektiven aus verschiedenen Informationsquellen und im Allgemeinen auch zu unterschiedlichen Situationen.
- Strukturierung und Abstraktion: Das mentale Modell wird in geeigneter Form durch Texte, Grafiken, Zahlen und Formeln niedergeschrieben. Damit kann auch eine Kommunikation zwischen mehreren Bearbeitern stattfinden. In diesem Prozessschritt werden als unwesentlich erkannte Aspekte weggelassen und Strukturen geschaffen.
- Formalisierung: Um zu einem mathematischen Modell zu kommen, werden mathematische Formalismen ausgewählt oder geschaffen. Das Modell wird formal niedergeschrieben (Syntax) und der Bezug der Größen zur Realität (Semantik) wird dokumentiert, Dabei muss der Zweck des Modells bzw. des Atlas (Pragmatik) im Auge behalten werden.

- Prüfung. Jedes Modell muss bezüglich seiner Korrektheit (Syntax), Gültigkeit (Semantik) und des Nutzens (Pragmatik) überprüft werden. Modelle lassen sich nicht beweisen. Man kann die Gültigkeit eines Modells nur testen, indem man es anwendet. Tauchen Widersprüche zur Realität auf, ist das Modell (zumindest für diesen Gültigkeitsbereich) falsifiziert.

▶ **Mismodelling** Mismodelling ist der wichtigste Grund für eine fehlerhafte Anwendung der Mathematik.

2.4 Mensch

Der Mensch ist im Management die wichtigste Größe
Der Mensch betreibt Mathematik und Management. Das Themenfeld Mensch ist im Zusammenhang mit Mathematik und Management sehr umfangreich. Wir wollen uns hier auf die Themen Kreativität und Heuristik begrenzen. Der Mensch als Objekt von Management und Mathematik wird uns später noch begegnen.

2.4.1 Intelligenz und Kreativität

Mathematik ist nicht nur trocken und rational, Mathematik ist vor allem kreativ. Mathematiker brauchen Intuition und Kreativität um Strukturen zu erkennen oder zu schaffen, Konzepte und Zusammenhänge zu entwickeln und in Begriffe zu fassen sowie Beweise und Lösungswege zu finden.

Die Verwendung von Zeichen ist für die Sprache und das Denken wichtig. Die Mathematik nutzt nicht nur diese Zeichen, sie kann auch den Umgang mit den Zeichen formalisieren.

Ein wichtiger Aspekt der Kreativität ist die Heuristik der mathematischen Beweisfindung. Die Kunst der Lösungsfindung und der Strukturierung ist das, was den Mathematiker eigentlich ausmacht.

In Abschn. 2.1.2 wurde bereits der Begriff der Heuristik (eigentlich zwei Begriffe mit gleicher Benennung) eingeführt. Dazu ein einfaches Beispiel:

Heuristik des nächsten Nachbarn
Im Rundreiseproblem (Handlungsreisender), bei dem jeder Punkt eines Graphen (z. B. Städte auf der Landkarte) einmal angefahren werden muss, besteht eine einfache Heuristik darin, vom Start ab immer den jeweils nächsten Nachbarn, d. h. den vom derzeitigen Punkt aus kürzesten Weg, zu wählen. Einfache

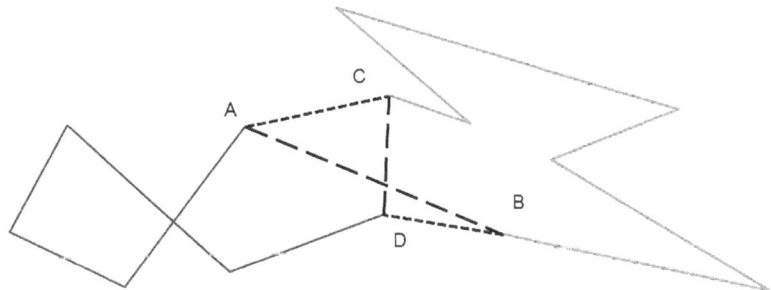

Abb. 2.3 Heuristik zum Finden kürzerer Wege

Beispiele zeigen, dass diese Heuristik im Normalfall nicht den kürzesten Weg findet. Dessen Berechnung ist aber deutlich aufwendiger.

Heuristiken helfen weiterhin, eine gefundene Lösung zu verbessern. Eine einfache Verbesserungsheuristik besteht darin, jeweils zwei Strecken AB und CD zu nehmen und zu testen, ob nicht die Kombination AC und BD einen kürzeren Weg ergibt. Auf einem ebenen Graphen eliminiert dieses in Abb. 2.3 visualisierte Verfahren dies beispielsweise Kreuzungen von Strecken.

2.4.2 Kommunikation

Ein wichtiger Aspekt im Management ist die Kommunikation. Manager müssen Mitarbeiter führen und ihre Entscheidungen zur Umsetzung bringen.

Dabei spielt die Strukturierung von Sachverhalten eine wichtige Rolle. Kein Mensch kann „die gesamte Realität" erklären, jede Erklärung und jede Anweisung ist darauf angewiesen, Inhalte zu vereinfachen. Auch die Planung und deren Kommunikation und Umsetzung beruht auf mathematischem Denken in unterschiedlichen Ebenen.

Pläne sind Modelle der Zukunft
Ein wichtiges Hilfsmittel für die Kommunikation sind Graphen und grafische Darstellungen Abschn. 3.2.2, da sie einerseits intuitiv verständlich sind und es andererseits erlauben, komplexe Inhalte zu strukturieren.

2.5   Management

Management ist Zielerreichung
Management – als Aufgabe und als Begriff – ist vielschichtig. Letztendlich geht
es aber immer um den Umgang von Menschen untereinander und mit gemeinsamen Ressourcen zur Erreichung von Zielen. Aus den vielen möglichen Definitionen kann die folgende kompakte Definition extrahiert werden:

▶ Management ist die zielgerichtete Führung von Organisationen.

2.5.1   Der Begriff des Managements

Management entweder als eine Institution bzw. Gruppe von Personen (das
Management, top/middle/lower management, die Manager) oder als eine Funktion bzw. als Menge von Aufgaben (Führen, Entscheiden, Organisieren) betrachtet werden.

Dabei beinhaltet der Oberbegriff Führung (auch im Sinne der Unternehmens-
führung) eine ganze Reihe von Aufgaben, die sach- oder personenbezogen sein
können:

- Zielsetzung und Zielfindung
- Mitarbeiterführung und Kommunikation
- Gestaltung von Strukturen und Prozessen
- Planung und Kontrolle
- Vertretung und Repräsentation.

Die in der Definition angesprochenen Organisationen oder Institutionen können
sein:

- Wirtschaftsunternehmen
- Staatliche Organisationen
- Non-Profit Organisationen
- Nicht formal organisierte Gruppen.

2.5.2 Manager

Beim Begriff Management müssen wir unterscheiden zwischen Management als Aufgabe und „dem Management" als Personengruppe. Außerdem kann sowohl der Manager als Person als auch die Institution Management eher systemorientiert (Managementsysteme) oder personenorientiert (im Sinne der Menschenführung) sein. Während im unteren Management die konkrete Führung von ausführenden Mitarbeitern und das konkrete Treffen von operativen Entscheidungen im Vordergrund stehen, tritt dies beim mittleren Management zugunsten von strukturellen Entscheidungen zurück, während für das Top-Management die strategische Entwicklung und Zielsetzung sowie die Kommunikation nach innen und außen charakteristisch sind.

5-mal Z: Mathematische Komponenten im Management

3

Nutzen Sie mathematische Konzepte!

▶ Die wichtigsten Mathematikaspekte für Manager fassen wir mit den „5 Z" zusammen

- Zahl
- Zeit
- Ziel
- Zufall
- Zusammenhang

3.1 Zahl

If you can't measure it – you can't control it
Die Zahl ist etwas Grundlegendes für die Mathematik. Zählen ist wohl die elementarste mathematische Operation und schon bei Tieren als Fähigkeit vorhanden. Zahlen haben zwei Funktionen:

- Zählen: Feststellen der Anzahl von diskreten Objekten und von Größenordnungen
- Messen: Vergleich mit einer Basis (Einheit).

© Springer Fachmedien Wiesbaden GmbH 2018
U. Holzbaur, *Mathematik für Manager,*
https://doi.org/10.1007/978-3-658-19664-6_3

3.1.1 Quantitativer Ansatz

Sobald ein System numerisch komplex wird, brauchen wir Zahlen zur Beurteilung. Dabei aggregieren diese Zahlen die Eigenschaften des Systems. Für einen Jäger der Steinzeit war die Größe eines Rudels von Beutetieren oder Wölfen genauso wichtig wie für den Hirten der Bronzezeit die Anzahl der Tiere in der Herde.

Zahlen sind aber auch Objekte der Mathematik, die nicht nur mit Zahlen rechnet, sondern deren Eigenschaften untersucht (Abschn. 2.1.1) und selbst neue Zahlen erschafft (Abschn. 4.1.1).

3.1.2 Begriffe und Bezeichnungen

Zahlen sind eigenständige Objekte, beispielsweise in der Zahlentheorie. In der Praxis ist aber jede Zahl mit etwas in der Realität – einem Objekt und einer seiner Eigenschaften, einer Anzahl oder Größe – verbunden. Damit ist die Zahl immer einem Begriff zugeordnet. Manchmal ist es auch hilfreich, neue Konzepte oder Kenngrößen einzuführen, um in Diskussionen oder Berechnungen auf eine gemeinsame Basis zurückgreifen zu können. Ein Begriff ist ein Konzept, das idealerweise durch eine Definition festgelegt wird. Diese legt auch die zu verwendende Bezeichnung fest.

Begriffe zum Lösen von Aufgaben

Um aufzuzeigen, welche Bedeutung die richtige Wahl der Begriffe (und Benennungen) für die Lösung von Aufgaben haben kann, betrachten wir zwei typische Textaufgabe aus der Schule:

„Ein Behälter wird durch Zulauf A in 12 min gefüllt, das Befüllen durch Zulauf B dauert 16 min. Wie lange dauert es, bis der Behälter gefüllt ist, wenn man beide Zuläufe öffnet?"

Durch den Begriff der Zulaufgeschwindigkeit erhalten wir für A: 1/12 Behälter/Minute und für B 1/16 Behälter/Minute. Also für A und B gemeinsam in Behälter pro Minute: $1/12 + 1/16 = 4/48 + 3/48 = 7/48$. Damit braucht man zum Füllen für einen Behälter 48/7 min, also fast 7 min. Diese Rechnung geht davon aus, dass die Zuläufe unabhängig sind. Eine genauere Modellierung könnte z. B. über ein Netz (z. B. wegen einer gemeinsamen Versorgungsleitung) erfolgen.

„Beim Umtausch von 126 \$ erhält man 112 €, für 280 ZAR bekommt man 18 \$. Wieviel € bekommt an für 105 ZAR?"

Ohne den unbeliebten Dreisatz bemühen zu müssen, kann man mit dem Begriff der Umrechnungskurse rechnen: UK_\$_€ = 112/126 €/\$ = 8/9 €/\$, UK_ZAR_\$= 18/280 \$/ZAR = 9/140 \$/ZAR. Also UK_ZAR_€ = UK_\$_€·UK_ZAR_\$ = 8/9·9/140 = 2/35 €/ZAR. Also erhält man 105·2/35 € = 6 €

3.2 Zusammenhang Strukturen

Strukturen kommen überall vor
Die Zusammenhänge und Strukturen innerhalb eines Systems oder Problems spielen eine wichtige Rolle in Mathematik und Management. Zusammenhänge zu erkennen und Strukturen zu formen ist eine wesentliche Basis des Managements. Zusammenhänge und Strukturen auf unterschiedlichen Abstraktionsebenen zu beschreiben und behandelbar zu machen ist eine wesentliche Komponente der Mathematik.

Neben den in den folgenden Kapiteln zu betrachtenden mathematischen Methoden spielen die intuitiv verständlichen Graphen eine wichtige Rolle.

3.2.1 Systeme und Graphen

Das Denken in Systemzusammenhängen ist eine wichtige Voraussetzung für die Bewältigung komplexer Probleme und der Herausforderungen des 21sten Jahrhunderts. Für die Modellierung von Systemen und Zusammenhängen spielen Graphen und Netze aufgrund ihrer Flexibilität und Anschaulichkeit eine wichtige Rolle. Durch Graphen kann ein Grundverständnis für Zusammenhänge vermittelt werden. Man kann dann in diesem Netz Zusammenhänge analysieren und Strukturen erkennen, aber auch Berechnungen durchführen. Eine formale Beschreibung der hier verwendeten mathematischen Begriffe werden wir in Abschn. 5.6 vornehmen.

Es gibt viele Möglichkeiten, Systeme und deren Strukturen zu beschreiben. Die verbreitete und anschaulichste Methode ist die, von den Systemelementen und den Beziehungen zwischen ihnen auszugehen. Damit haben wir die Elemente des Systems als Menge M und die Beziehungen zwischen den Elementen als eine Relation B (Abschn. 5.6.2) zwischen den Elementen. Die Beziehungsrelation B ist als Relation eine Teilmenge des kartesischen Produkts M × M aller Paare b = (m_1, m_2) mit m_1, m_2 ∈ M. Wir können aber B auch als eigenständige Menge von

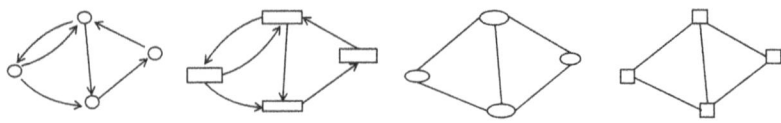

Abb. 3.1 Gerichtete und ungerichtete Graphen mit unterschiedlichen Knoten

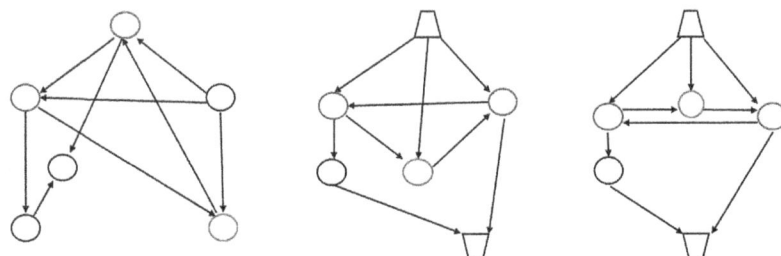

Abb. 3.2 Unterschiedliche räumliche Anordnungen der Elemente eines Graphen und Identifikation von gerichteten und zyklischen Strukturen

Objekten betrachten und dann jeder Beziehung b ∈ B ein Paar (m_1, m_2) zuordnen. Um zu einem Graphen zu kommen, werden die Systemelemente als Knoten im Graphen und die Beziehungen b als Pfeile zwischen den Knoten eingeführt. Mit diesem einfachen gerichteten Graphen als Basis kann man weitere Typen von Graphen (siehe Abb. 3.1, 3.2, 5.6 und 5.7) und auch Bewertungen der Elemente und Relationen einführen.

3.2.2 Modelle mit Graphen und Netze

Pfeile und Kanten können in Modellen ganz unterschiedliche Bedeutungen haben. Dies ist einerseits der große Vorteil von Graphen, birgt aber andererseits die Gefahr von Fehlinterpretationen. Deshalb muss auf die richtige Interpretation der Knoten und Pfeile geachtet werden. Eine Auswahl möglicher Bedeutungen und Interpretation der Pfeile in Modellen mit Graphen gibt Tab. 3.1.

Graphen als Relationen sind von der grafischen Darstellung und damit von der räumlichen Anordnung der Elemente unabhängig. Die räumliche Anordnung kann aber für das Verständnis der Modelle durchaus eine Rolle spielen. Wenn wir

Tab. 3.1 Exemplarische Pfeilsemantiken in Netzen

Art	Bedeutung/Beispiel	Bemerkungen
Funktionale Abhängigkeit (Proportionalität)	$y = f(x)$ $y = \alpha \cdot x$	Statisches Modell Führt zu einem Gleichungssystem
Funktionale Abhängigkeit der Änderungen	$\Delta y = f(\Delta x)$ $\Delta y = \alpha \cdot \Delta x$	Anschauliches Modell, führt auf funktionale Anhängigkeit
Einfluss über Änderungsraten	$\Delta y = f(x)$ $y' = f(x)$	Klassisches Modell z. B. Systems Dynamics Führt zu einem dynamischen System
Einflüsse zwischen Größen	y reagiert auf x x beeinflusst y	Sehr flexibel. Statt der Objekte besser deren Attribute verwenden
Semantisches Netz	a ist ein B A hat Eigenschaft b	Beziehung zwischen Begriffen und Attributen
Übergang zwischen Zuständen	Z1 geht über in Z2	Führt zu einer dynamischen Beschreibung
Flüsse von Objekt zu Objekt	Material, Energie oder Information	Flüsse und Speicher führen zu dynamischen Systemen
Beziehungen zwischen Instanzen	Soziogramme, Kommunikationsnetzwerke	Strukturen (Cluster), Flüsse und Distanzen können analysiert werden
Entfernungen, Verbindungen	Karten, Zeichnungen	Interpretation im Raum führt zu topologischen Betrachtungen

ein System und seine Relationen grafisch durch eine Zeichnung darstellen, so zeichnen wir dadurch nicht nur den Graphen auf, sondern wir erzeugen durch die Platzierung der Elemente auf dem Papier/Bildschirm auch eine räumliche Struktur. In Abb. 3.2 können die Pfeile sowohl Flüsse (Energie, Material, Information) als auch Einflüsse bedeuten. Das Umordnen lässt die Struktur klar erkennen: Man kann Quellen und Senken leicht identifizieren und kann Teilgraphen zu den linear gerichteten Strukturen (Richtung von der Quelle zur Senke) und zu zyklischen Strukturen (Kreise, Kreisläufe, Rückkopplungen) erkennen.

3.3   Zeit Dynamik

Alles fließt – oder verändert sich
Nur in den seltensten Fällen ist eine statische Betrachtung hinreichend für den Entwurf und die Beurteilung von realen Systemen. Veränderungen spielen eine wichtige Rolle und müssen daher meist berücksichtigt werden.

In statischen Systemen sind alle betrachteten Größen zeitunabhängig. Bei dynamischen Systemen betrachtet man zeitabhängige Variablen, das System selbst muss nicht zeitabhängig sein.

Schwingung

Ein schwingungsfähiges System (z. B. ein Pendel) ist selbst zeitunabhängig, der Zustand ist aber veränderlich und verläuft in periodischen Schwingungen (Zyklen). Interessant ist, wie schwingungsfähige Systeme auf die Anregung durch eine externe Funktion reagieren.

3.3.1   Zeitliche Abhängigkeiten

Der Ausgangspunkt bei der Betrachtung dynamischer Systeme ist die Einführung einer Zeitachse. Diese kann kontinuierlich (reelle Achse) oder zeitdiskret (ganze Zahlen) sein. Die Skala ist wichtig, da sie den Zahlen Zeitintervalle bzw. – nach Festlegungen eines Nullpunkts – Zeitpunkte zuordnet. Im kontinuierlichen Fall müssen wir die Skala festlegen, die im Bereich von Nanosekunden bis Jahrmillionen liegen kann. Im zeitdiskreten Fall müssen wir die Skala, d. h. die Zeiteinheit, und die Granularität, d. h. die elementaren Zeitschritte, festlegen, wobei die Granularität Teile oder Vielfache der Zeiteinheit betragen kann.

Diskrete Zeitskalen (Stunde, Tag, Monat, Woche, Jahr) eigen sich für punktuelle Messwerte. Wenn keine mathematischen Funktionen betrachtet werden, kann man auch eine zusammengesetzte Zeitskala nehmen (Tag-Monat-Jahr). Für eine mathematische Betrachtung der Finanzmathematik wird beispielsweise der komplexe reale Aufbau (1 Jahr = 365,2422 Tage) durch die Näherung 1 Jahr = 12 Monate, 1 Monat = 30 Tage ersetzt.

3.3.2   Zustandsorientierte Beschreibung

Ausgangspunkt bei der Betrachtung allgemeiner dynamischer Systeme ist der Begriff der Transformation. Notwendige Basis dafür ist der Begriff des Zustands.

Der Zustand eines Systems erlaubt Aussagen über das System und über seine weitere Entwicklung.
Dabei gibt es zwei prinzipielle Arten der Beschreibung:

- Die Zeitabhängigkeit der Variablen wird explizit angeben. Dies kann z. B. als Funktion $x = f(t)$ (Verlauf, Kurve, Bahn, Trajektorie) geschehen. In diesem Fall geht es darum, die Zeitabhängigkeit zu modellieren und Folgerungen daraus zu ziehen. Im Bereich der Mechanik ist dies die Kinematik.
- Die zugrunde liegenden Gesetze (Bewegungsgesetz, Ratengleichung) werden beschrieben. Dies kann z. B. als Gleichung der Form $dx/dt = g(x)$ geschehen. Diese Bewegungsgesetze werden aus Mechanismen des Systems hergeleitet, wie z. B. der Wirkung von Kräften (Beschleunigung = Kraft/Masse) oder Raten, mit denen sich Größen verändern (Sparrate = Einkommen − Konsum). Im Bereich der Mechanik ist dies die Dynamik, wir sprechen generell von einer dynamischen Beschreibung.

Den Zusammenhang zwischen der Trajektorie und der Bewegungsgleichung werden wir in Abschn. 4.5.2 und 5.3.1 weiter vertiefen.
Eine besondere Rolle spielen stationäre Lösungen, bei ihnen hat die dynamische Beschreibung eine zeitunabhängige Lösung. Diese wird häufig auch als Gleichgewicht bezeichnet, da die Summe der wirkenden Mechanismen verschwindet und so keine Veränderungen in den betrachteten Variablen eintritt. Stationarität ist immer eine Frage des betrachteten Modells, insbesondere der betrachteten Variablen und der räumlichen und zeitlichen Skalen.

3.3.3 Projekte und Prozesse

Projekte und Prozesse sind in der Technik und im Management zentral. Zur Beschreibung dynamischer Abläufe in Organisationen und komplexen Systemen eigenen sich Prozessmodelle viel besser als die oben betrachteten klassischen Methoden wie Differenzialgleichungen.
Während Projekte einmalig ablaufen, sind Prozesse wiederkehrend (extern: derselbe Prozess läuft mehrfach ab) und repetitiv (intern: innerhalb des Prozesses werden bestimmte Aufgaben/Teilprozesse mehrfach durchlaufen). Deshalb spielen bei Prozessen Entscheidungen und Verzweigungen eine wichtige Rolle. Das Ziel der Modellierung ist immer, Abläufe zu beschreiben und transparent zu machen. Damit kann man Schwachstellen aufdecken und Abläufe soweit sinnvoll

Tab. 3.2 Ereignisse und Aktivitäten

	Aktivität, Funktion, Prozess, Arbeitspaket	Ereignis, Meilenstein
Zeitbezug	Zeitdauer	Zeitpunkt, Termin
Zustandsbezug	Transformationsprozess	Zustandsänderung

festlegen bzw. automatisieren. Dazu verwenden wir eine Abfolge von Funktionen (Prozessen, Aktivitäten) und Ereignissen.

Die Rolle und Bedeutung von Prozessen und Ereignissen beschriebt Tab. 3.2. Die Frage, was im Modell jeweils Objekte Prozess und was Ereignis ist, hängt von der Modellierung (z. B. der betrachteten Zeitskala) ab.

Prozesse und Ereignisse können nun auf mehrere Arten modelliert und den Elementen eines Graphen (Abschn. 3.2.1 Abb. 3.1) zugeordnet werden:

- Prozesse werden als informationstragende Knoten abgebildet. Dies ist für die Berechnung und die Darstellung umfangreicher Informationen günstig. Die Ereignisse sind implizit in den verbindenden Pfeilen enthalten (Vorgangs-Knoten-Netz).
- Prozesse werden als Pfeile abgebildet und Ereignisse werden als Knoten repräsentiert (Vorgangs-Pfeil-Netz, Ereignis-Knoten-Netz). Dies entspricht der Idee von Wegen und Pfaden im Netz.
- Prozesse und Ereignisse (Meilensteine, Entscheidungen) werden als zwei Typen von Knoten abgebildet (Ereignis-Prozess-Kette, bipartites Netz, Zustands-Übergangs-Netz, Abb. 5.7).

3.4   Zufall Stochastik

Wahr und Schein

Der richtige Umgang mit dem Zufall ist für das Management extrem wichtig. Die Begriffe Risiko und Chance beinhalten jeweils einen stochastischen Aspekt. Diese zufallsorientierten Begriffe schlagen auch die Brücke zu den Entscheidungen. Andererseits sind die meisten realen Systeme mit durch den Zufall bestimmt. Vor allem aber ist ein sorgfältiger Umgang mit zufälligen Ereignissen in der Zukunft (Planung) und Vergangenheit (Interpretation) sowie bei der Interpretation von Beobachtungen und dem Ziehen von Schlüssen auf die Wirklichkeit extrem wichtig.

3.4.1 Wahrscheinlichkeiten und zufällige Ereignisse

Um den Zufall analysieren zu können, betrachten wir zufällige Ereignisse. Der Begriff der Wahrscheinlichkeit bezieht sich immer auf Ereignisse. Dabei können Ereignisse ganz elementar sein, z. B. dass beim Münzwurf die Zahl oben liegt oder dass man eine bestimmte Zahl würfelt. Wir können aber auch komplexe Ereignisse betrachten, z. B. dass in einer Warteschlange alle Schalter besetzt sind, dass ein zufälliger Prozess zu einer Kollision führt oder dass der Kurs einer Aktie einen bestimmten Wert überschreitet. Die Wahrscheinlichkeitsrechnung erlaubt es, solche Situationen zu beschreiben, zugehörige Wahrscheinlichkeiten zu berechnen oder abzuschätzen, und damit eine gute Basis für Einschätzungen und Entscheidungen zu bekommen.

Wahrscheinlichkeiten

Ereignis	Ein Ereignis ist eine Teilmenge des Ereignisraums, d. h. der Menge aller möglichen Elementarereignisse (Ausgänge eines Zufallsexperiments).
Wahrscheinlichkeit anschaulich	Die Wahrscheinlichkeit p eines Ereignisses können wir als die Chance definieren, dass dieses Ereignis eintritt. Anschaulich gesprochen ist bei sehr vielen Versuchen die relative Anzahl der Eintritte etwa diese Wahrscheinlichkeit p.
Wahrscheinlichkeit formal	Die Wahrscheinlichkeit ordnet jedem Ereignis eine Zahl p zu. Diese Wahrscheinlichkeit ist additiv, d. h. bei disjunkten Ereignissen addieren sich die Wahrscheinlichkeiten. Die Wahrscheinlichkeit, dass irgendein Ereignis eintritt, ist $p = 1$, ein unmögliches Ereignis hat die Wahrscheinlichkeit $p = 0$.
Laplace-Wahrscheinlichkeit	Liegen mehrere Elementarereignisse vor, über die sonst nichts bekannt ist (und nur dann!), so ordnet man jedem dieselbe Wahrscheinlichkeit zu. Bei insgesamt N Elementarereignissen hat dann jedes Elementarereignis die Wahrscheinlichkeit 1/N und ein Ereignis mit m Elementen hat die Laplace-Wahrscheinlichkeit $p = m/N$.

Kombinatorische Wahrscheinlichkeit	Ausgehend von der Laplace-Wahrscheinlichkeit für Elementarereignisse kann man die Gesamtanzahl N der Elemente und die Anzahl m der Elemente zu einem bestimmten Ereignis mithilfe der Kombinatorik (kombinatorische Modelle) bestimmen.
Empirische Wahrscheinlichkeit	Von einer empirischen Wahrscheinlichkeit sprechen wir, wenn wir bei N Versuchen in der Realität m-mal das Eintreten des Ereignisses beobachtet haben. Dann setzen wir die empirische Wahrscheinlichkeit gleich der relativen Häufigkeit $p = m/N$.
Zufallsvariable	Eine Zufallsvariable ordnet jedem Ereignis eine Zahl zu.

Wichtige Beispiele von Zufallsvariablen sind die charakteristischen Funktionen ($Z = 1$, wenn das Ereignis eintritt, sonst $Z = 0$) und die Augenzahl beim Würfeln ($Z = 1,2...,6$).

Würfeln

Wenn wir zweimal würfeln, sind die 36 möglichen Kombinationen der Augenzahlen (A_1, A_2) die Elementarereignisse. Die Wahrscheinlichkeit für jedes Elementarereignis ist 1/36.

Exemplarische Ereignisse können sein:

- Pasch: gleiche Augenzahl, d. h. $A_1 = A_2$. Die Wahrscheinlichkeit ist $6/36 = 1/6$.
- Mindestens eine Sechs: Die Wahrscheinlichkeit ist 11/36.
- Zweite Zahl ist größer als die erste gewürfelte Zahl: $A_1 < A_2$, die Wahrscheinlichkeit ist 15/36

Exemplarische Zufallsvariablen können sein:

- $z = A_1$, d. h. die Augenzahl des ersten Wurfs
- $z = 1$, falls $A_1 = 6$ oder $A_2 = 6$, und sonst $z = 0$. Dies ist die charakteristische Funktion von „mindestens eine Sechs".
- $z = A_1 \cdot A_2$

Wahrscheinlichkeiten

Wahrscheinlichkeiten im Lotto

Die Wahrscheinlichkeit für einen Sechser im Lotto ist aufgrund der Kombinatorik $p = 1/13\ 983\ 816$. Wenn von 36 Mio. Spielern drei einen Sechser haben, ist die empirische Wahrscheinlichkeit $p = 1/12\ 000\ 000$.

Wahrscheinlichkeiten

In einer Firma gehen täglich zehn Bestellungen ein. Dabei seien 2/3 der Bestellungen Spezialanfertigungen und 1/3 Katalogware. Wie groß ist die Chance, dass bei den zehn Bestellungen mindesten neun Spezialanfertigungen dabei sind?

Die hier vorkommende Binomialverteilung lässt sich anschaulich erklären:

Die Wahrscheinlichkeit für 10 Spezialanfertigungen ist $2/3^{10}$ (der Exponent bezieht sich auf den gesamten Bruch). Die Wahrscheinlichkeit, dass die erste Bestellung Katalogware und die restlichen neun Spezialanfertigungen sind, ist $1/3^1 \cdot 2/3^9$, dieselbe Wahrscheinlichkeit gilt jeweils für eine einzige Katalogbestellung als zweite, dritte … zehnte Bestellung.

Die gesuchte Gesamtwahrscheinlichkeit ist also $2/3^{10} + 10 \cdot 1/3 \cdot 2/3^9 = 0{,}104$ also etwa 10 %. Wenn wir also an jedem der 250 Arbeitstage zehn Bestellungen mit dieser Wahrscheinlichkeitsverteilung bekommen, müssen wir damit rechnen, dass an ca. 26 Tagen im Jahr neun oder mehr Spezialanfertigungen bestellt werden.

3.4.2 Statistische Kenngrößen

Da man statistische Wahrscheinlichkeiten und Zufallsvariablen nicht als Ganzes erfassen oder vergleichen kann, betrachtet man häufig Kenngrößen. Die wichtigsten sind im Folgenden beschrieben:

Statistische Kenngrößen

Mittelwert, Erwartungswert µ	Der Erwartungswert µ einer Zufallsvariablen ist die mit den Wahrscheinlichkeiten gemittelte Summe der Zufallsgrößen. Für eine Stichprobe ist dieser Erwartungswert einfach der Mittelwert, d. h. das arithmetische Mittel der Werte.
Median	Der Median einer Zufallsverteilung oder Stichprobe ist derjenige Wert, der mit jeweils 50 % Wahrscheinlichkeit unter- bzw. überschritten wird.

Standardabweichung σ   Die Standardabweichung σ einer Verteilung ist
                                    die Wurzel aus der Varianz des Erwartungswert
                                    der quadratischen Abweichung vom Mittelwert
                                    μ. Die Standardabweichung misst die Breite der
                                    Verteilung.

Beispiele von Zufallsvariablen

Für die oben definierten Zufallsvariablen gilt

- Für die Zufallsvariable $z = A_1$ (Augenzahl des ersten Wurfs) ist $\mu = (1 + 2 + 3 + 4 + 5 + 6)/6 = 3{,}5$
- Der Erwartungswert der oben definierten charakteristischen Funktion des Ereignisses „mindestens eine Sechs" ($z = 1$ falls $A_1 = 6$ oder $A_2 = 6$, $z = 0$ sonst) ist die Wahrscheinlichkeit dieses Ereignisses, also $\mu = 11/36$.
- Die Zufallsvariable $z = A_1 \cdot A_2$ hat den Erwartungswert $\mu = 21 \cdot 21/6 \cdot 6 = 441/36 = 12{,}25$.
- Wegen der Unabhängigkeit der beiden Würfe ist dies gerade das Produkt der Erwartungswerte der einzelnen Würfe.

Beim Mittelwert werden extreme Werte (Ausreißer) stärker berücksichtigt als beim Median. Wenn wir also eine Größe betrachten, die nur positive Werte annimmt (Gehalt, Gewinn, Auslastung, Personalschlüssel) ist deshalb im Allgemeinen der Mittelwert höher als der Median.

Beispiele von Kenngrößen

Wir betrachten eine Zufallsvariable mit fünf möglichen Werten jeweils mit der Wahrscheinlichkeit $p = 1/5$.

Für die Zahlenreihe 1, 2, 3, 4, 5 sind Median und Mittelwert jeweils 3. Die Zufallsvariable hat die Standardabweichung $\sqrt{2} = 1{,}414$

Für die Zahlenreihe 1, 2, 3, 4, 30 ist der Median ebenfalls 3, der Mittelwert ist 40/5 = 8. Die Zufallsvariable hat die Standardabweichung $\sqrt{122} = 11{,}05$.

Für die Zahlenreihe 1, 7, 8, 9, 15 sind Median und Mittelwert jeweils 8. Die Zufallsvariable hat die Standardabweichung $\sqrt{20} = 4{,}47$.

Bei einer Normalverteilung sind Median und Mittelwert gleich. Hier liegen jeweils ca. 16 % der Werte ober- bzw. unterhalb der Grenzen $\mu \pm \sigma$ und jeweils ca. 2 % der Werte ober- bzw. unterhalb der Grenzen $\mu \pm 2\sigma$.

Tab. 3.3 Statistische Verteilung für das Werfen von 5 Münzen

Anzahl „Zahl"	0	1	2	3	4	5
Anzahl möglicher Würfe	1	5	10	10	5	1
Wahrscheinlichkeit	3 %	16 %	31 %	31 %	16 %	3 %
Kumulierte Wahrscheinlichkeit	3 %	19 %	50 %	81 %	97 %	100 %

Münzwurf

Wir betrachten das Werfen von 5 Münzen und die Anzahl der Ergebnisse für eine gewählte Seite, also z. B. „Zahl". Diese Anzahl ist binomial verteilt, der Mittelwert ist $\mu = 2,5$ und die Standardabweichung ergibt sich aus $\sigma^2 = 1,25$.

Die Tab. 3.3 zeigt die kombinatorische Verteilung der Ergebnisse. Aufgrund obiger Ergebnisse ist $\mu - 2\,\sigma = 0,26$, $\mu - \sigma = 1,38$, der Median und Mittelwert ist $\mu = 2,5$ und weiter $\mu + \sigma = 3,12$ und $\mu + 2\,\sigma = 4,74$.

Die Anpassung an die Normalverteilung ist schon relativ gut.

3.5   Ziel Entscheidungen

Ziele erreichen durch gute Entscheidungen

Die Entscheidungen und die Orientierung an Zielen sind diejenigen Kernelemente, die das Management am stärksten von den Naturwissenschaften unterscheiden. Deshalb ist der Bereich der Zielsetzung, Entscheidung und Optimierung der typischste Teil der Manager-Mathematik, während die anderen vier hier angesprochenen Bereiche auch in Wissenschaft und Technik relevant und damit auch dort stark vertreten sind.

3.5.1   Ökonomisches Prinzip und Entscheidungsmodelle

Right or wrong:

Das ökonomische Prinzip bedeutet, dass diejenige Alternative gewählt wird, bei der bei minimalen negativen Auswirkungen (Kosten) die maximalen positiven Auswirkungen (Nutzen) erreicht werden. Da eine gleichzeitige Optimierung zweier Größen noch kein eindeutiges Kriterium darstellt, muss das ökonomische Prinzip so ausformuliert werden, dass diejenige Alternative gewählt wird, bei der beispielsweise:

- bei gegebenen Kosten der maximale Nutzen erreicht wird (Effektivität),
- mit minimalen Kosten ein angestrebter Nutzen erreicht wird (Sparsamkeit),

- eine maximale Differenz zwischen Nutzen und Kosten erreicht wird (Gewinn-maximierung),
- ein maximales Verhältnis von Nutzen und Kosten erreicht wird (Effizienz),
- eine optimale Gesamtsituation bezüglich einer Nutzenfunktion erreicht wird (Optimalität).

Je nach Situation und mathematischem Kontext gibt es verschiedene Definitionen des Begriffs Entscheidungsmodell. Wir wollen hier ein einfaches statisches Basis-modell beschreiben. Dieses Entscheidungsmodell (Holzbaur 2000)[4]. besteht aus den folgenden Komponenten:

- Einer Menge A von möglichen Aktionen (Aktionenraum): Was ist zu tun?
- Einer Menge S von möglichen Zuständen der realen Welt (Zustandsraum): Was ist relevant?
- Einer Menge E von möglichen Ergebnissen: Was kann passieren?
- Eine Ergebnisfunktion e: A × S → E: die Funktion e(a,s) gibt das Ergebnis der Aktion a im Zustand s an: Was kommt raus?
- Eine Präferenzrelation >: die Relation $e_1 > e_2$ bedeutet, dass e_1 besser ist als e_2, es gibt eine Präferenz für e_1 gegenüber e_2: Was ist besser? (vergl. Abschn. 5.1).

Diese Analyse und die Unterscheidung der Optimalitätskriterien sind notwendig, um unterschiedliche Entscheidungsmodelle einordnen zu können.

Beispiele von Entscheidungsmodellen sind:
- Im Falle einer Entscheidung unter Sicherheit hat S nur ein Element. Das Ent-scheidungsmodell reduziert sich also auf die Ergebnisfunktion e(a). Von die-sem Typ sind (mit reellwertigen e) die klassischen Optimierungsaufgaben.
- Im Falle einer Investitionsentscheidung ist A = {investieren, nicht investie-ren}, S repräsentiert die möglichen Entwicklungen von Markt und Firma, e repräsentiert die Auswirkungen auf Gewinn, Image und Unternehmens-wachstum (dreidimensionaler Ergebnisraum). Ein Ergebnis e1 heißt besser als e2 (e1 ≥ e2), wenn e1 höhere Gewinne, Image, Wachstum und weitere Unternehmensziele ergibt. Reduziert man das Problem auf den monetären Gewinn, könnte E als eindimensionale reelle Zahl beschrieben werden.
- Im Falle der Marketingplanung ist A durch die Menge aller möglichen Marketingmaßnahmen und S durch die zukünftige Entwicklung des Mark-tes gegeben. Der Nutzen e beschreibt die Auswirkungen insgesamt, bei-spielsweise durch den Gesamtgewinn des Unternehmens.
- Im Falle einer Personalauswahl ist A die Menge der Kandidaten. Der Zustand S ist durch die Kompetenzen der Kandidaten und die Entwicklung

und Anforderungen des Unternehmens gegeben. Das Ergebnis E umfasst die möglichen Auswirkungen auf das Unternehmen. Die Ergebnisfunktion e(a,s) beschreibt, wie sich die Auswahl des Kandidaten a auswirkt, wenn die reale Situation s gegeben ist.

Den dynamischen Fall betrachten wir in Abschn. 6.1.1.

3.5.2 Optimierung

Optimierungsaufgaben liegen in der Praxis als implizite Aufgaben innerhalb eines Problemkreises vor. Bis zur Extremwertaufgabe ist es ein weiter Weg. Dieser ist aber für die praktische Anwendung der wichtigste Schritt. Das Lösen der mathematisch formulierten Extremwertaufgabe ist eine Fertigkeit, die dazu selbstverständlich beherrscht werden muss. Abschließend ist die Interpretation der Lösung wichtig, damit das Ergebnis sinnvoll eingesetzt werden kann.

Die mathematische Optimierung kennt viele verschiedene Modelle und Methoden, je nachdem wie die Optimierungsaufgabe strukturiert ist. So ergeben sich lineare und nichtlineare, diskrete und analytische, statische und dynamische, deterministische und stochastische Optimierungsaufgaben. Zwei Beispiele werden wir in Abschn. 5.2 und 6.1.1 betrachten.

Die folgende Zusammenstellung soll einen allgemeinen Wegweiser für das Vorgehen beim Lösen von Optimierungsaufgaben geben.

Lösungsschema
1. Analysiere das Problem. Modelliere die Entscheidungssituation und die Zielkriterien. Prüfe, wie die Zulässigkeit von Lösungen bestimmt ist.
2. Modelliere das Problem und bestimme:
   - die Zielfunktion (Nutzenkriterium, Zielvariable): WAS will der Entscheider?
   - die Variablen, von denen die Zielfunktion abhängt: WAS kann man beeinflussen?
   - und den funktionalen Zusammenhang (Variable -> Zielfunktion),
   - die Nebenbedingungen, denen diese Variablen genügen müssen: WAS muss gelten?
     insbesondere die zulässigen Werte für die Variablen,
   - wichtige Fallunterscheidungen, die vorgenommen werden müssen oder können (lieber zwei einfache Probleme lösen als ein hochkomplexes).
3. Erstelle das Optimierungsmodell
   - Formuliere das Optimierungsproblem
   - Überprüfe das aufgestellte Modell (Beispiele, Grenzfälle, Schranken).
4. Bestimme die optimalen Lösungen im Modell.

5. Interpretiere die gefundene Lösung im Kontext des realen Ausgangsproblems:
   - Ist sie konsistent und plausibel?
   - Ist sie sinnvoll? Wenn nicht, liegt in der Formulierung des Optimierungs-
     problems ein Fehler.
   - Ist sie brauchbar? Wie ist sie zu interpretieren und umzusetzen?
   - Wie sind die Abhängigkeiten? Wie verändert sich die Lösung, wenn sich
     die Bedingungen und Ziele verändern? Was sind allgemeine Gesetzmäßig-
     keiten für die optimale Lösung?
   - Welche Konsequenzen ergeben sich aus dieser Lösung? WAS IST ZU TUN?

3.5.3 Spieltheorie

Der für das Management wohl wichtigste Aspekt der modernen Mathematik ist
die Spieltheorie. Grundlegende Basis spieltheoretischer Modelle ist es, die Aktionen eines rationalen Gegenspielers in die Überlegungen mit einzubeziehen. Die
spieltheoretische Situation erweitert die entscheidungstheoretische Situation um die
Kenntnis der Ergebnisse (Auszahlungen) der anderen Mitspieler (Gegner/Partner).

Nullsummenspiele
Zwei-Personen-Nullsummenspiele bilden die einfachste Version von spieltheoretischen Situationen und sind mathematisch einfach behandelbar. Ihre Betrachtung hilft
beim Verständnis spieltheoretischer Situationen und ist für das Verständnis der komplexeren spieltheoretischen Modelle notwendig. Grundmodell der Nullsummenspiele
ist eine antisymmetrische Auszahlungsmatrix, d. h. der Gewinn des Einen ist der
Verlust des Anderen. Die optimalen Strategien lassen sich in einfachen Fällen durch
Fallunterscheidungen und Sattelpunkt- (Gleichgewichts-) Überlegungen berechnen.

▶ **Sattelpunkt** Ein Sattelpunkt oder Gleichgewichtpunkt eines Spiels ist ein
Tupel (im Fall eines Zwei-Personen-Spiels ein Paar) von Strategien für die gilt,
dass sich jeder Spieler beim Abweichen von dieser Strategie verschlechtert.

Münzenspiel

Wir betrachten ein einfaches Spiel, bei dem jeder Spieler verdeckt eine Münze
im Wert von 1 EUR oder 2 EUR auf den Tisch legt. Je nach Gewinnkriterium
ergeben sich unterschiedliche Strategien:

Zweipersonen-Nullsummenspiel: wer die Münze mit dem höheren Wert hat
kassiert die mit dem niedrigeren Wert: Offensichtlich ist der Sattelpunkt der,
dass jeder Spieler die teurere Münze legt.

Zweipersonen-Nullsummenspiel: haben die Münzen denselben Wert, bekommt Spieler A das Geld, sonst Spieler B. Hier gibt es keinen Sattelpunkt in dem reinen Strategien („lege Münze x"), die optimale Strategie für beide Spieler ist jeweils eine gemischte, d. h. beide Spieler wählen die beiden Münzen mit jeweils einer bestimmten Wahrscheinlichkeit.

Nicht-Nullsummen-Spiel: Wenn die Werte der Münzen unterschiedlich sind, wird beiden Spielern der gesetzte Betrag verdoppelt. Sind die Werte gleich, werden die Münzen durch den Spielleiter einkassiert. Wenn sich die Spieler absprechen können, können sie jeweils ein Paar unterschiedlicher Münzen wählen. Ohne Absprache können die Spieler beispielsweise zufällige Strategien wählen.

Wichtig ist hier die Bedeutung der Information:

Information und Entscheidung

Stellen Sie sich vor, Sie spielen Schere- Stein-Papier mit einem Gegner, der ihren Zug kennt, bevor er seine eigene Entscheidung treffen muss: Er würde jedes Mal gewinnen.

Dieses – zugegebenermaßen einfache – Modell von Konkurrenz verdeutlicht die Bedeutung von

- Informationsbeschaffung (Research, Intelligence, Aufklärung),
- Geheimhaltung,
- Mathematischen Modellen.

Erweiterungen
Es gibt über das einfache Modell hinaus komplexe Erweiterungen des Spielbegriffs:

- Nichtnullsummenspiele
- Mehrpersonenspiele
- Spiele mit Wiederholungen

Diese Erweiterungen bieten wegen der Möglichkeit von Spielstrategien ein weites Feld von Modellen für den Einsatz im Management. Beispiele sind das Gefangenendilemma, Falken-Tauben-Modelle, Konsensfindung, das Allmendeproblem, Koalitionsprobleme und viele klassischen Spiele.

5-mal A: Elemente der Mathematik

4

Erinnern Sie sich an die Elemente der Mathematik!
Wir betrachten nun die Grundlagen der Mathematik und zeigen, was sie mit dem Denken von Managern zu tun haben. Dabei orientieren wir uns an den 5 A:

- Arithmetik
- Algebra
- Algebraische Geometrie
- Aussagenlogik
- Analysis

4.1   Arithmetik

Arithmetik ist die Lehre vom Rechnen mit den Zahlen.

4.1.1   Zahlen

> Die natürlichen Zahlen hat Gott gemacht, alles andere ist Menschenwerk. (Kronecker)

Nach den natürlichen Zahlen, die zum Zählen notwendig sind, kommt die Null als eine wichtige konzeptuelle Ergänzung, darauf bauen die ganzen Zahlen und die Brüche auf. Mit den algebraischen Zahlen (Wurzeln) und den reellen Zahlen kommen wir zum Zahlenstrahl und verlassen den anschaulichen Bereich. Die wichtigsten reellen Zahlen, die nicht algebraisch sind (transzendente Zahlen) sind die Eulersche Zahle e und die Kreiszahl π. Die komplexen Zahlen von der

© Springer Fachmedien Wiesbaden GmbH 2018
U. Holzbaur, *Mathematik für Manager,*
https://doi.org/10.1007/978-3-658-19664-6_4

Form a + ib mit reellen Zahlen a und b und dem Symbol i mit der Eigenschaft
$i \cdot i = -1$, d. h. der formalen Definition $i = \sqrt{-1}$, erzeugen die komplexe Ebene.
Gemeinsam mit den drei oben betrachteten Symbolen kommen wir zu der wohl
faszinierendsten Formel der Mathematik:

$$e^{i\pi} + 1 = 0$$

4.1.2 Dimensionen und Maßeinheiten

Die Betrachtung der Dimensionen und Maßeinheiten ist von der Wissenschafts-
disziplin her eher der Physik zuzuordnen, sie ist aber auch im Ingenieurwesen
und in der Betriebswirtschaft unerhört wichtig. Die Analyse von Dimensionen
erlaubt die Überprüfung von Zusammenhängen. Disziplin bei der Verwendung
von Maßeinheiten ist für Technik und Management unerlässlich.

Insbesondere bei elektronischen (analogen und digitalen) Systemen, die ja
keine Maßeinheiten beinhalten, ist die richtige Interpretation der Werte (Analog-
wert wie 2,5 V oder Digitalwert wie 10000100) als Zahl mit Größenordnung und
Dimension extrem wichtig. Die Interpretation als Zahl sagt, ob der Wert 132,33
oder −0,03 ist und ob wir über Äpfel oder Birnen reden. Die Maßeinheit sagt, ob
z. B. bei Geldmengen $ oder €, Milliarden oder Millionen vorliegen bzw. ob ein
Druck in Pascal, bar oder psi ausgedrückt wird.

Dimension und Bezug

Bei allen Größen ist es wichtig, die Dimension und den Bezug anzugeben

Bei einem Einkommen von 22.222 EUR ist es relevant, ob es ein Jahres-
oder Monatseinkommen ist.

Ein Jahresenergieverbrauch von 12.345 kWh = 12,345 MWh entspricht
einer Leistung von 1,4 kW, also etwa 2 PS.

Eine Niederschlagsmenge von 736 mm entspricht 736 l/m². Die ist ein
typischer Wert für den Jahresniederschlag in Deutschland. Die richtige Größe
ist also 0,736 m/Jahr.

Zinssätze sind immer auf eine Zeiteinheit zu beziehen. Dabei muss wegen
des Zinseszinseffekts zusätzlich die Periode der Verzinsung angegeben werden. So entspricht ein monatlicher Zinssatz von 2 % einem jährlichen Zinssatz
von 26,8 %.

4.1.3   Lieber einfach ungenau als exakt unbekannt

Häufig besteht das Problem nicht darin, Zahlen exakt zu bestimmen, sondern die
etwaige Größe zu kennen. Die geforderte Genauigkeit kann von der Bestimmung
der Größenordnung bis zum Bereich von Prozenten gehen. Dies kann der Fall
sein, wenn Größen in den richtigen Bezug gesetzt werden müssen.
Häufig lassen sich dafür einfache Schätzmodelle ableiten, die dann zumindest
die richtige Größenordnung liefern.

Wie schnell ist das Auto?

Wer auf der Autobahn fährt und überholt wird, möchte wissen, wie schnell das
andere Auto fährt. Dabei hilft folgender Schätztrick: In dem Moment, in dem
man überholt wird, fängt man an zu zählen Dabei muss man keinen Sekun-
dentakt einhalten, man kann auch im Takt eines Lieds zählen. Wenn der Überholende an einem markanten Punkt (oder Schatten) vorbeikommt, merkt man
sich die Zahl T_1 und beginnt wieder zu zählen bis bei der Zahl T_2 das eigene
Auto an dem Punkt ist.

Nun ist die von den beiden Autos zurückgelegte Strecke $(T_1 + T_2) \cdot V_{eigen} =
T_1 \cdot V_{überholer}$. d. h. das überholende Fahrzeug ist um den Faktor T_2/T_1 schnel-
ler als das eigene Fahrzeug.

Beispiel: Ich fahre mit 144 km/h und stoppe beim Überholen die Zeiten
$T_1 = 8$ und $T_2 = 3$. Dann ist die Geschwindigkeitsdifferenz $3 \cdot 144/8$ km/h =
54 km/h. Der Überholende hat also eine Geschwindigkeit von ca. 200 km/h.

4.2   Algebra

Die Kunst des abstrakten Rechnens

Das x, das unbekannte Wesen

Das wichtigste an der Algebra ist das „Rechnen mit x", d. h. das Verwenden
eines Symbols für eine unbekannte Größe, die es im Allgemeinen zu bestimmen
gibt. Viele Aufgaben lassen sich dadurch einfacher lösen, indem man für den
gesuchten Wert zunächst ein Symbol einführt, mit diesem rechnet und dann die
hergeleitete Gleichung löst.

4.2.1 Dreisatz und Invarianten

Eigentlich ist der Dreisatz ein Element der Arithmetik, da man die Umformungen im Kopf macht und nur am Schluss die Berechnung ausführt. Man kann aber
die beim Dreisatz vorkommenden unterschiedliche Gesetze und Zusammenhänge
besser verstehen, wenn man die Hilfsmittel der Algebra zugrunde legt.

Beispiel Dreisatz proportional

Ein Fahrzeug braucht für eine Strecke von 30 km 15 min, wie lange braucht es
für 40 km?

Wir bestimmen die Geschwindigkeit v = 30 km/15 min = 2 km/min =
120 km/h. Daraus ergibt sich die Fahrzeit T = 40 km/2 km/min = 20 min. In
diesem einfachen Fall kann man auch direkt erkennen, dass die Strecke und
damit auch die Fahrtzeit mit 4/3 multipliziert werden.

Die Rechenformel beim Dreisatz ist ja in den klassischen Fällen immer y = ab/c,
aber die Schwierigkeit ist, herauszufinden was a, b und c ist. Einfach ist die
Bestimmung von a, da dies die gleiche Dimension hat wie das gesuchte y. Die
anderen Größen ergeben sich aus dem zugrunde liegenden Zusammenhang:

- Proportional: y/b = a/c und dieser Wert ist eine Invariante (Quotient, z. B.
  Geschwindigkeit, Leistung, Umrechnungsfaktor ...)
- Umgekehrt proportional: y · c = a · b und dieser Wert ist eine Invariante (Produkt, z. B. Fläche, Arbeit, ...)

Bei mehreren unabhängigen Faktoren werden die Anhängigkeiten getrennt
betrachtet und dann geprüft, ob eine reine Multiplikation der Effekte zulässig ist.

Beispiel Dreisatz umgekehrt proportional

Zwei Maschinen kosten für vier Monate zur Miete 12.000 EUR. Wie viel
kosten drei Maschinen für drei Monate? Bei einem festen Mietsatz ist die
gesuchte Miete 3/2 · 3/4 · 12.000 EUR = 135.000 EUR.

Vier Arbeiter brauchen für drei Einheiten neun Wochen. Wie lange brauchen sechs Arbeiter für sieben Einheiten? Aus der Annahme, dass nur die
Arbeitszeit zählt, bekommen wir einen Aufwand von 4 · 9/3 = 12 Personenwochen pro Einheit und damit eine Dauer von 7 · 12/6 = 14 Wochen. Dies ist
übersichtlicher als die Gesamtformel 4/6 · 7/3 · 9 Wochen.

Daneben gibt es viele andere mögliche Zusammenhänge und Invarianten.

Nichtlineare Zusammenhänge

Ein Würfel Wasser der Kantenlänge 10 cm hat die Masse 1 kg. Welche Masse hat ein Würfel der Kantenlänge 13 cm? Hier haben wir einen kubischen Zusammenhang, d. h. der Faktor geht in der dritten Potenz ein, das Volumen ist um den Faktor $1,3^3 = 2,2$ größer. Eine Invariante ist die spezifische Masse von 1 kg/l. Die Masse ist also 2,2 kg.

Klassische Beispiel, bei denen die gesuchte Größe nicht von der veränderten Variablen abhängt, sind weich gekochte Eier und Fixkosten.

Mithilfe der Algebra lassen sich auch komplexere Fragen einfach lösen.

Kostenverteilung und Preisberechnung

Ein Stromerzeuger produziert 95 SE (Stromeinheiten = Energiemenge) zum Preis von 185 GE (Geldeinheiten). Welchen Preis P für die SE muss er für den gelieferten Strom berechnen, wenn er 21 SE selbst verbraucht? Klar ist hier: $(95 - 21)$ SE $\cdot$ P $= 185$ GE. Damit ist P $= 185/74$ GE/SE $= 2,5$ GE/SE.

Die variablen Produktionskosten pro Stück seien 13 EUR, die Fixkosten seien 12.600 EUR. Wie viel muss man produzieren um auf Produktionskosten von 20 EUR pro Stück zu kommen?

Aus $12.600 + 13\,x = 20\,x$ ergibt sich $x = 1800$.

4.2.2 Hebel (leverage)

Der Hebel ist ein spezielles Modell des Dreisatzes. Aus naturwissenschaftlicher Sicht ist das Wichtige beim Hebelgesetz die Verstärkung der Kraft, wobei eine umgekehrte Proportionalität gilt (Invariante ist das Drehmoment). Kinematisch haben wir beim Hebelgesetz eine Verstärkung der Bewegung, also Proportionalität (Invariante ist der Winkel). Die beiden Gesetze sind wegen des Energieerhaltungssatzes zwei Seiten einer Medaille. Die BWL verwendet den Begriff des Hebels in der zweiten Bedeutung einer proportionalen Verstärkung.

Einkaufseffekte

Wir suchen den Effekt einer Einsparung von x (Einheit: %) im Einkauf bei einer Fertigungstiefe von 40 % und einer Gewinnspanne von 10 %. Die Berechnung geht folgendermaßen:

Gewinn = Erlös – Kosten, Kosten = Einkauf + Fertigung, Einkauf = 0,6 · Umsatz

Gewinnspanne = 0,1 · Umsatz

Differenz Einkauf = x/100 · 0,6 · Umsatz

Absolute Differenz Gewinnspanne = x/100 · 0,6 · Umsatz = x/100 · 6 · Gewinnspanne

Relative Differenz Gewinnspanne (in%) = 6 · x. Der Hebelfaktor beträgt also 6 oder 600 %.

Konsequenz: Eine 17 %-ige Einsparung im Einkauf verdoppelt den Gewinn (+100 %), eine 17 %-ige Preissteigerung frisst den Gewinn auf (−100 %).

Hebeleffekte bringen nicht nur Nutzen, sondern auch Gefahren, da der Multiplikationsfaktor durch den Hebel in beiden Richtungen wirkt.

Eigenkapitalverzinsung

Eine Investition verspricht eine Rendite X, Für zusätzliches Kapital muss eine Verzinsung i einkalkuliert werden. Wenn man nun zusätzlich zum Eigenkapital das Y-fache an Fremdkapital aufnimmt, so nimmt die gesamte Eigenkapitalrendite zu um

$$(X \cdot (1 + Y) - Y \cdot i) - X = Y \cdot (X - i).$$

Ist also beispielsweise die Rendite X = 8 % und der Zinssatz i = 1 %, die Eigenkapitalquote 1/3, d. h. Y = 2, so steigt die Eigenkapitalrendite von 8 % auf 22 %. Allerdings wächst auch das Risiko entsprechend: Bei einem Verlust von −X = 33 % geht das gesamte Eigenkapital verloren.

4.3   Aussagenlogik und Mengenlehre

Die Grundlagen der Mathematik

Auch die Mathematik muss auf irgendetwas aufbauen, und an der Basis steht die Logik oder alternativ die Mengenlehre.

4.3.1   Logik

Mengenlehre und Logik sind formale Grundlagen für die Mathematik. Die Begriffe der Menge und des Enthaltenseins sind elementar für die Mathematik und bieten eine zur formalen Logik äquivalente Struktur. Tab. 4.1 stellt die Konzepte der Mengenlehre und der Logik einander gegenüber.

Tab. 4.1 Logik und Mengenlehre

Bereich	Logik	Mengenlehre
Grundobjekte	Aussagen und Wahrheitswerte	Menge und Elemente
Basisaussage	A bzw. $A(x)$	$A = \{\, x \vert x \in A \}$
Negation	NICHT A	$A^C = \{ x \vert x \notin A \}$
Disjunktion	A ODER B	Vereinigung $A \cup B$
Konjunktion	A UND B	Schnitt $A \cap B$

Die Logik ist auch die Voraussetzung für das Verständnis von Wahrscheinlichkeiten und Zufall, denn nur wer Zusammenhänge im deterministischen Fall sauber analysieren kann, hat im stochastischen Fall überhaupt eine Chance, komplexe und unsichere Zusammenhänge einigermaßen zu erfassen.

Logik und Zufall

Aufgabe A: Schätzen Sie bitte die Chance für einen beliebigen Bürger Ihres Bundeslands, im Laufe des morgigen Tages einen Unfall zu verursachen oder zu erleiden (zu Hause, im Büro oder unterwegs) und als Folge davon (evtl. auch später) zu sterben.

Aufgabe B: Schätzen Sie bitte die durchschnittliche Anzahl der Todesfälle insgesamt pro Tag in Ihrem Bundesland.

Aus Aufgabe A und der Einwohnerzahl ihres Bundeslands können Sie die geschätzte Anzahl Unfalltoter berechnen. Diese sollte kleiner sein als die Gesamtzahl der Todesfälle.

4.3.2 Aussagen

Als Basis für die Verknüpfung von Aussagen muss man mögliche Verknüpfungen zwischen zwei Aussagen betrachten. Die Tab. 4.2 zeigt die möglichen Kombinationen zweier Aussagen (vergleiche Abschn. 5.6.1).

Da in jedem der vier Felder nun „Wahr" oder „Falsch" eingetragen werden kann, ergeben sich16 mögliche Wahrheitstabellen. Analog dazu gibt es in der Mengenlehre 16 mögliche Verknüpfungen

Insbesondere das Thema „WENN A DANN B" sorgt immer zu Verwirrungen. Bei der formalen Logik ist die Implikation „WENN A DANN B" immer richtig, wenn die Voraussetzung falsch ist (Tab. 4.3).

Tab. 4.2 Kombination zweier Aussagen

	Aussage A	A gilt nicht
Aussage B gilt	Beide Aussagen gelten	Nur B gilt
B gilt nicht	Nur A gilt	Keine der Aussagen gilt

Tab. 4.3 Wahrheitstabelle der Implikation WENN A DANN B

	Aussage A	A gilt nicht
Aussage B gilt	Klassischer Fall: A wahr und B Wahr	Implikation ist formal richtig, da die Voraussetzung falsch ist
B gilt nicht	Implikation ist falsch: Wenn A gibt muss B gelten	Implikation ist richtig

ex falso quodlibet

Aus einer falschen Voraussetzung kann man (am einfachsten über den Zwischen-schritt $1 = 0$) beliebige Folgerungen ziehen. Hier liegt ein wichtiger Unterschied zwischen der mathematisch-logischen Argumentation und den Diskussionen in der Realität, in denen durch Messunsicherheiten, fließende Übergänge und sprachliche Unschärfe formale Widersprüche leicht hergeleitet werden können.

In der formalen Logik ist eine Implikation immer richtig, wenn die Voraussetzung falsch ist. Also gilt beispielsweise die Aussage „WENN $0 = 1$ DANN $17 + 4 = 42$" genauso wie „WENN $0 = 1$ DANN $17 + 4 = 21$". Eine falsche Implikation liegt nur vor, wenn die Voraussetzung falsch und die Folgerung falsch ist, also ist z. B. die Aussage „WENN $1 = 1$ DANN $17 + 4 = 42$" wirklich falsch.

Die Logik ist die Basis der Mathematik. Erst damit (oder mit der Mengen-lehre) lassen sich Strukturen aufbauen.

4.3.3   Computer

Eine weitere wichtige Rolle spielt die Logik als Basis der Computer.

Die Logik steuert die einzelnen Schritte des Computers und erlaubt Operati-onen auf unterschiedlichen Ebenen. Da sich auch Zahlen mittels des Binärsys-tems mithilfe der Logik bearbeiten lassen, lassen sich damit auch jede Art von numerischen Operationen durchführen. Die Basis dafür liefert die binäre Addi-tion (siehe das Beispiel Abschn. 5.5). Insofern ist die Digitalisierung eigentlich eine „Verlogikung". Für eine automatisierte Datenverarbeitung müssen dann die beiden Zustände 0 und 1 (bzw. wahr und falsch) und ihre Verknüpfungen jeweils in physikalische Realisierungen (Bewegung, Strom, Spannung, Licht) umgesetzt werden.

4.4 Algebraische Geometrie

Zwischen den beiden Welten

Die Geometrie ist für Manager nur bedingt wichtig, aber die Analytische und Algebraische Geometrie dient beispielsweise als Basis für die grafische Darstellung für Optimierungsverfahren.

4.4.1 Raum und Zahl

Die Verbindung zwischen dem Reich der Zahlen und dem Raum wird durch die Einführung von Messprozessen und von Koordinatensystemen geschaffen. Dies lässt sich im zweidimensionalen Fall leicht wie in Abb. 4.1 darstellen.

Darüber hinaus werden aus den Zahlen und den elementaren Gebilden der Geometrie komplexere Strukturen geschaffen und die Zusammenhänge zwischen ihnen untersucht. Ein Beispiel werden wir in Abschn. 5.10 betrachten.

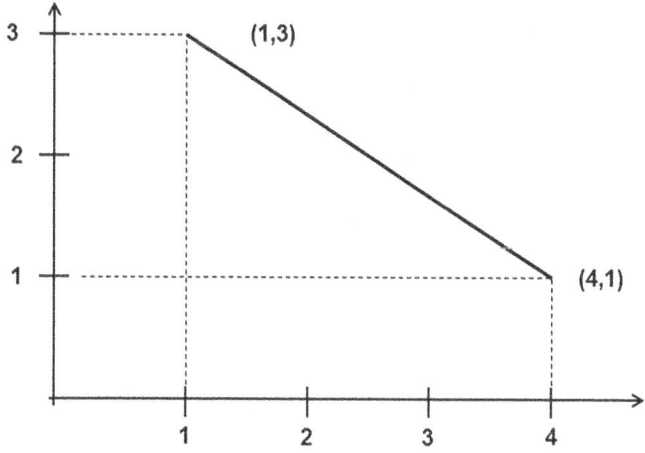

Abb. 4.1 Koordinatensystem als Verbindung von Raum und Zahl

Raumbezug

Der Raumbezug spielt zum Beispiel in folgenden Bereichen eine Rolle:

- Produkte und Märkte
- Betriebsstätten und Produktionsanlagen
- Unternehmensstrategie und Konkurrenz
- Logistik aller Art (Personen, Rohstoffe, Produkte)
- Vertriebsstrukturen und Kunden
- Beschaffungsstrukturen und Supply Chain Management
- Menschen, Leben, Wohnen und Arbeiten
- Ressourcen.

4.4.2 Räume und Dimensionen

Ein interessanter Zusammenhang zwischen linearen Gleichungen und Räumen ist durch die Dimension der Lösungsmenge gegeben. Jede Gleichung schränkt die Anzahl der Lösungen ein, sodass die Dimension der Lösungsmenge jeweils kleiner wird. In Tab. 4.4 wird zusammengestellt, wie die Anzahl der (unabhängigen linearen) Gleichungen die Dimension der Lösungsmenge reduziert und welche geometrischen Strukturen dabei entstehen.

Tab. 4.4 Freiheitsgrade und Restriktionen

Dimension D des Raums	Anzahl N der Gleichungen	Anzahl F der Freiheitsgrade Dimension F der Teilmenge
3 (Raum)	1 (z. B. der orthogonale Vektor und Abstand)	2 (Ebene: Punkt und zwei Richtungen)
3 (Raum)	2 (Schnitt zweier Ebenen)	1 (Gerade: Punkt und eine Richtung)
3 (Raum)	3 (z. B.: Schnitt von Ebene und Gerade)	0 (Punkt)
2 (Ebene)	1 (z. B. der orthogonale Vektor und Abstand, allgemeiner: Skalarprodukt)	1 (Gerade: Punkt und eine Richtung)
2 (Ebene)	2 (z. B. Schnitt zweier Geraden)	0 (Punkt)
1 (Gerade)	1 (Abstand vom Nullpunkt)	0 (Punkt)
$D = N + F$		

4.5 Analysis

Die Lehre vom unendlich kleinen

Die Welt des Managements ist im Wesentlichen diskret, d. h. selbst sehr große Mengen lassen sich durch die ganzen Zahlen beschreiben. Die kontinuierliche Modellierung von Raum, Zeit und großen Mengen (Geld, Material, Personen) erlaubt aber die Behandlung von Problemen mit den Methoden der Analysis. So lassen sich beispielsweise Optimierungsaufgaben modellieren und lösen.

Die Analysis liefert in der Gegenrichtung auch das Werkzeug zur Diskretisierung (und damit auch zur Digitalisierung) von kontinuierlichen Strukturen. So lassen sich beispielsweise technische Probleme oder aus der kontinuierlichen Näherung entstandene Modelle mittels numerischer Methoden lösen.

4.5.1 Ableitung

Die Ableitung einer Funktion in einem Punkt kann man verstehen als die Beschreibung der linearen Näherung (Tangente) an diese Funktion. Die Bedingung

$$f(x) = f(x_0) + (x - x_0) \cdot f'(x_0) + \text{etwas was bei Annäherung an } x_0 \text{ schnell}$$

sehr klein wird definiert gegebenenfalls eindeutig den Wert der Ableitung $f'(x_0)$ zunächst einmal an der Stelle x_0. Wenn dies für jeden Punkt x_0 gemacht werden kann, definieren wir damit die Ableitungsfunktion $f'(x)$ als Funktion der Variable x.

Die Ableitung als Operation ist dann eine viel abstraktere Funktion: Sie ordnet jeder differenzierbaren Funktion f die Ableitung f' wie oben definiert zu. Die Schreibweisen f' oder df/dx sind dafür üblich.

Beispiel zur Ableitung

Die Ableitung der Funktion $f(x) = x^2$ ist die Funktion $f'(x) = 2 \cdot x$.

Die Ableitung von f an der Stelle 3 ist $f'(3) = 6$.

Wenn wir den Graphen einer Funktion f betrachten, so gibt $f'(x_0)$ die Steigung der Tangente an f im Punkt $(x_0, f(x_0))$ an. Die Tangente selbst hat die Gleichung $t(x) = f(x_0) + (x - x_0) \cdot f'(x_0)$.

4.5.2   lokalglobal: Integral und Stammfunktion

Die Integration kann man einführen über

- den Flächeninhalt unter einer Kurve – bezogen auf ein festes Intervall bzw. als Funktion dessen Obergrenze.
- die Umkehrung der Ableitung, also die Stammfunktion. In diesem Sinne ist das Integral wieder ein Operator, der jeder Funktion ihre Stammfunktion zuordnet.

Beispiel zum Integral

Die Stammfunktionen der Funktion $g(x) = x^2$ sind $G(x) = x^3/3 + C$ mit einer beliebigen Konstanten C.

Das Integral von g über das Intervall von 1 bis x ist $\int_1^x t^2 dt = \frac{x^3-1}{3}$

und die Fläche unter der Kurve g von 1 bis 4 ist $\int_1^4 t^2 dt = \frac{64-1}{3} = 21$

Den Zusammenhang zwischen diesen beiden Betrachtungen gibt der Fundamentalsatz der Analysis

$$\int_a^b f(x)dx = F(a) - F(b) \text{ ist äquivalent zu } \frac{d}{dx} F(x) = f$$

oder kurz $\int^x F'(t)dt = F(x)$ und $\frac{d}{dx} \int^x f(t)dt = f$.

Beispiel zum Fundamentalsatz

Die logistische Kurve $l(x) = e^x/(1 + e^x)$ hat die Ableitung $l'(x) = e^x/(1 + e^x)^2$ was einer Glockenkurve entspricht. Deren Stammfunktion (Integral) ist wieder (bei geeigneter Normierung) die logistische Kurve.

Damit erhalten wir einen Zusammenhang zwischen der lokalen Beschreibung f (als Änderungsrate) und der globalen Kurve F (als Zustand) wie in Abschn. 3.3.2 und 5.3 betrachtet. Beispiele für solche Paare von lokalen und globalen Funktionen gibt Tab. 4.5.

Häufig werden ausgehend von einem flussbezogenen Wert sowohl integrierte Werte (Bestände) als auch Änderungsraten (und deren Änderungsraten und so

Tab. 4.5 Beispiele für Zustände und Änderungsraten

Abhängige Größe/Bereich	Unabhängige Größe	Stammfunktion Zustand	Ableitung Änderungsrate
Bewegung	Zeit	Weg, Ort	Geschwindigkeit
Bewegung	Zeit	Geschwindigkeit	Beschleunigung
Stück, Einheiten (z. B. Lager, Personal)	Zeit	Bestand	Änderung, Fluss
Energie	Zeit	Arbeit, Energie	Leistung
Höhe	Ort, Weg	Höhe	Steigung
Geld/monetäre Größen (Bestand)	Stück (z. B. Produkte)	Gewinn, Erlös, Kosten insgesamt	Deckungsbeitrag pro Stück, Stückerlös, Stückkosten
Geld/monetäre Größen (Bestand)	Zeit	Bestand, Gewinn, Erlös, Kosten ... zum Stichtag (Bilanz) oder auf die Periode bezogen	Gewinn, Erlös, Kosten ... pro Zeiteinheit
Geld/monetäre Größen (Bewegung)	Zeit	Umsatz, Gewinn, Erlös, Kosten periodenbezogen	Umsatzsteigerung, Änderungsraten
Intensive Physikalische Größen (z. B. Temperatur)	Zeit	Zustand, Wert	Änderungsrate
Extensive Physikalische Größen (z. B. Mengen)	Zeit	Menge, Masse, Energie	Fluss
Änderungsraten (z. B. Geschwindigkeit, Temperaturzunahme, Umsatzsteigerung)	Zeit	Änderungsrate	Änderungsrate der Änderungsrate (Beschleunigung, zweite Ableitung)

weiter) betrachtet. Beispiele mit zunehmendem Grad der Ableitung der Bestandsgröße sind:

- Bestand, Zustand, Größe, Wert
- Wachstum, Anstieg, Abnahme, Zuwachsrate, Änderungsrate
- Abnahme des Wachstums, Änderung der Zuwachsrate, Beschleunigung, Zunahme des Anstiegs

- Abnahme der Abnahmerate des Wachstums, Verkleinerung der Zuwachsrate
- Abschwächung der Zunahme der Änderungsrate des Anstiegs, Abschwächung der Abnahme des Wachstums

Auf diese Unterschiede ist beispielsweise bei Informationen zum"Nachlassen der Konjunkturabschwächung" oder der „schwächeren Zunahme des Klimawandels" zu achten. Geometrisch entspricht die erste Ableitung der Steigung, die zweite der Krümmung einer Kurve.

10 ausgewählte Themen

5

Nutzen Sie die Anwendung der Mathematik auf das Leben!

▶ Man könnte nun zu jeder Kombination der fünf A aus der Schulmathematik und der fünf Z aus dem Management Beispiele finden oder die A und Z jeweils paarweise einander zuordnen. Wir wählen einen Mittelweg und geben je zwei Kombinationen an, sodass insgesamt zehn Verbindungen der Felder der Mathematik und der managementrelevanten Aspekte ausgewählt werden.

Dadurch bewegen wir uns in einem Stern aus den 5 Z und den 5 A gemäß Abb. 5.1 einmal im Kreis.

5.1 Präferenzen

Was ist besser?
Die Optimierung und das Management basieren darauf, dass wir wissen, was eigentlich das Ziel ist. Das scheint einfach, solange wir uns im operativen Bereich mit einfachen mathematischen Zusammenhängen bzw. einfach modellierbaren Problemen bewegen.

Maximaler Umsatz oder maximaler Gewinn sind scheinbar klare Kriterien. Aber im Begriff Gewinn steckt die gesamte Komplexität des betrieblichen Rechnungswesens und in Umsatz viele Fallen, die ihn vom einem derivativen Ziel zu einem gefährlichen Kriterium machen (siehe das Beispiel zur Umsatzoptimierung in Abschn. 5.2.2).

© Springer Fachmedien Wiesbaden GmbH 2018
U. Holzbaur, *Mathematik für Manager,*
https://doi.org/10.1007/978-3-658-19664-6_5

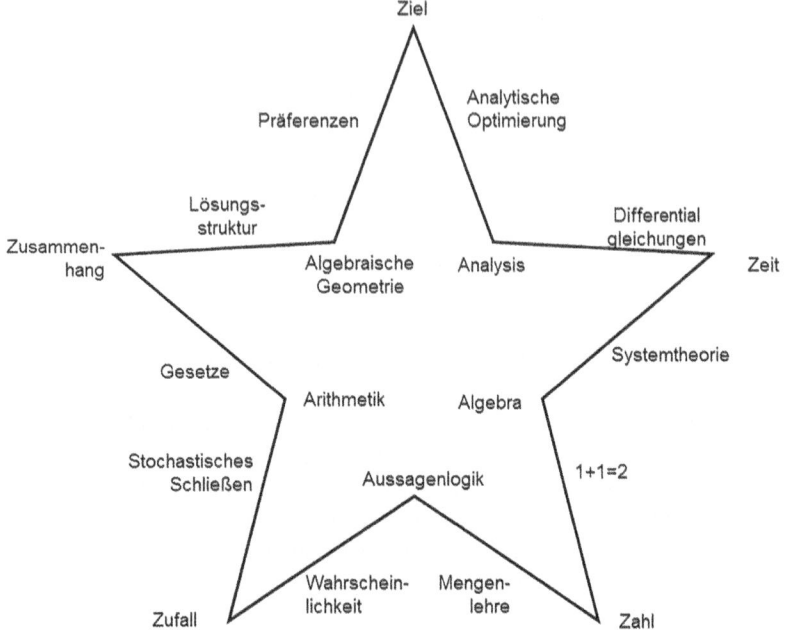

Abb. 5.1 Ausgewählte Beispiele

5.1.1 Zielvektoren

Ziele können aber komplexer sein und sich beispielsweise aus einem Bündel von
Zielkriterien zusammensetzen.

Die einfachste Art, mehrere Ziele zu beschreiben, ist ein Vektor von Zielkriterien. Der Vektor oder das Tupel $(z_1, z_2, \ldots)$ (vergl. Abschn. 5.6.1, im einfachsten
Fall ein Paar (z_1, z_2)) beschreibt dabei eine mögliche Situation bzw. ein Ergebnis
einer Entscheidung.

Beispiele für Zielvektoren könnten sein:

- das sehr abstrakte Tupel (Ökologie, Ökonomie, Soziales) der Nachhaltigen
  Entwicklung
- ein Warenkorb (Brot, Wein, Käse, Schinken, Buch, PWK)
- ein Vektor von Lebenszielen (Ruhm, Einkommen, Hobby, Familie)

- ein Satz von Kriterien für eine Investition (erwartete Rendite, Ausfallwahrscheinlichkeit, Value at risk, erwartete Amortisationszeit)
- die Ergebnisse oder Punktzahlen in einzelnen Komponenten einer Bewertung, eines Ranking oder eines sportlichen Mehrkampfs.

5.1.2 Kriterien

Vergleichsmöglichkeiten (Ordnungen) unter den Zielvektoren können nun unterschiedlich aufgebaut werden (vergl. Abschn. 3.5):

- Starke Ordnung: eine starke komponentenweise Ordnung ist gegeben durch die Definition, dass A $\leq$ B genau dann gelten soll, wenn für jede Komponente die Relation a $\leq$ b gilt. Für A < B muss auch in einer Komponente a < b gelten.
- Lineare Gewichtung: mit einem Gewichtungsvektor C = c_1 ... ist ein Optimalitätskriterium dadurch gegeben, dass die Nutzenfunktion die einzelnen Komponenten nach der Formel u(z) = $z_1 c_1$ + ... linear gewichtet.
- Nichtlineare Gewichtung: Andere Formen der Verrechnung und Nutzenfunktion u(z) sind ebenfalls möglich. So können in den Summen die Faktoren quadratisch (z^2) oder mit gebrochenen Exponenten wie Wurzeln ($\sqrt{z}$) gewichtet eingehen.
- Hierarchische Kriterien: Unter den Komponenten z_1, z_2, ... kann man eine Hierarchie aufbauen.

Damit bekommen wir unterschiedliche Optimalitätskriterien:

- Pareto-optimal ist eine Lösung, zu der es keine nach der starken Ordnung besseren Punkte gibt.
- In der Nutzwertanalyse betrachten wir eine lineare Gewichtung der Kriterien.
- Eine quadratische Gewichtung wertet Extrema stärker, sie sorgt also für eine gleichmäßigere Erfüllung von vorgegebenen Kriterien (bei negativer Gewichtung der Abweichungen).
- Bei Sortierungen (Tabelle, Datenbanken, Webseiten) haben wir eine hierarchische Struktur.

Abb. 5.2 Kandidaten für
optimale Punkte

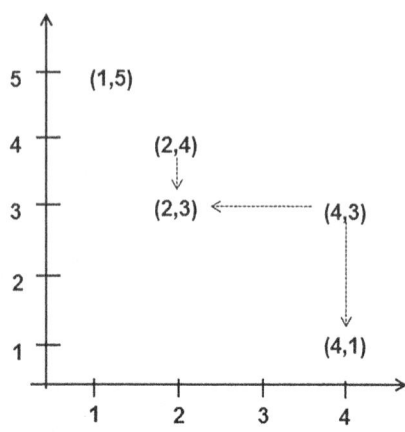

Optimalitätskriterien an einem zweidimensionalen Beispiel

Gegeben seien die in Abb. 5.2 dargestellten fünf Lösungen mit den als Noten
(1 = bestes) interpretierten Werten (1, 5), (2, 3), (2, 4), (4, 1), (4, 3).

- Die Punkte (1, 5), (2, 3) und (4, 1) sind Pareto-optimal,
- Zu den Punkten (2, 4) und (4, 3) gibt es jeweils bessere.
- Bei einer gleichmäßigen linearen Gewichtung sind (2, 3) und (4, 1) opti-
  mal.
- Bei einer gleichmäßigen quadratischen Gewichtung ist (2, 3) optimal.
- Bei einer hierarchischen Entscheidung in der natürlichen Reihenfolge ist
  (1, 5) optimal.

Hotelsuche

Bei der Auswahl eines Hotels können wir nach den Kriterien Anzahl der
Sterne, Preis und Abstand zur Firma entscheiden.

- Pareto-optimal ist jedes Hotel, bei dem es kein günstigeres und näheres in
  der jeweiligen Kategorie gibt.
- In der Nutzwertanalyse skalieren wir die Kriterien Sterne, Abstand und
  Preis auf einer Skala von 0 bis 10 (oder nach Schulnoten 1 bis 6) und
  gewichten diese.

- Eine quadratische Gewichtung der Abweichungen vom Wunschziel sorgt für eine gleichmäßige Erfüllung aller Wünsche.
- Bei einer hierarchischen Sortierung wählen wir zunächst die beste Hotelkategorie und unter diesen das billigste Angebot, sind dabei mehrere gleich gut und gleich teurer entscheidet die kürzere Entfernung.

5.2 Analytische Optimierung

Die Suche nach dem Optimum
Das Operations Research kennt viele verschiedene Modelle und Methoden der mathematischen Optimierung, je nachdem wie die Optimierungsaufgabe strukturiert ist (siehe Abschn. 3.5.2). Ein einfaches Beispiel bieten Aufgaben, in denen die Variablen und die Zielfunktion kontinuierlich sind und die Zielfunktion differenzierbar ist.

5.2.1 Aufgabenstruktur

Wir betrachten hier das klassische Beispiel der analytischen Optimierung, wie es typischerweise in der Schule vorkommt. Dabei ist eine Optimierungsaufgabe vorgegeben, bei der beispielsweise zwei Parameter variiert werden können. Die Textaufgabe beinhaltet Informationen zur Zielsetzung (was ist zu optimieren) und zu den Zusammenhängen zwischen des Parametern (welche Randbedingungen sind zu beachten). Aus letzterem lässt sich typischerweise ein funktionaler Zusammenhang zwischen den Parametern nach einem der Parameter (wir nennen diesen dann x) auflösen. Damit reduziert sich das Optimierungsproblem auf ein eindimensionales, bei dem nun Kandidaten für

- Randoptima durch Betrachtung der Restriktionen,
- freie Optima durch Nutzen der Optimalitätsbedingungen

gefunden werden. Das Optimum lässt sich nun durch weitere (notwendige und hinreichende) Kriterien oder durch einfachen Vergleich der Funktionswerte finden.

5.2.2 Kochrezept

Wir können das allgemeine Vorgehen aus Abschn. 3.5.2 für eine analytische Optimierungsaufgabe mit zwei Variablen und einem funktionalen Zusammenhang umsetzen.

1. Analysiere das Problem:
   - Analysiere Gegebenheiten und Abhängigkeiten.
2. Modelliere das Problem:
   - Bestimme die Variablen x_1 und x_2 des Problems.
   - Formuliere die Zielfunktion $f(x_1, x_2)$.
   - Formuliere die funktionale Nebenbedingung $g(x_1, x_2)$.
   - Formuliere Nebenbedingungen an x_1 und x_2, z. B. in Form von Ungleichungen.
3. Formuliere das Optimierungsproblem:
   - Löse die funktionale Nebenbedingung g nach einer der Variablen (z. B. x_2) auf, setze diesen Zusammenhang $x_2 = h(x_1)$ in f ein. Wir erhalten die neue Funktion $f(x) = f(x, h(x))$.
   - Leite aus den Nebenbedingungen Grenzen für x her.
4. Bestimme die Kandidaten für Extrema:
   - Bestimme alle Kandidaten x^k für freie Extrema aus dem Verschwinden der Ableitung $f'(x) = 0$ (waagerechte Tangente).
   - Bestimme alle Randpunkte (Kandidaten für Randextrema) x^r.
5. Unter den verbleibenden Kandidaten x^k und x^r müssen die Funktionswerte verglichen werden (Abb. 5.3). Sie liefern den Ort x^e und den Wert $f(x^e)$ des absoluten Extremums.

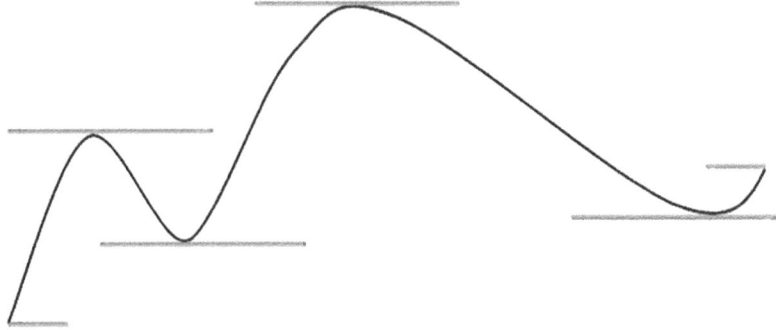

Abb. 5.3 Kandidaten für freie Extrema und Randextrema

6. Interpretiere die gefundene Lösung im Kontext des realen Ausgangsproblems:
   - Ist sie konsistent und plausibel?
   - Ist sie sinnvoll? Wenn nicht, liegt in der Formulierung des Optimierungsproblems ein Fehler.
   - Ist sie brauchbar? Wie ist sie zu interpretieren und umzusetzen?

Gewinnoptimierung

Für ein Produkt sei der Zusammenhang zwischen Preis P und Absatz N gegeben durch die Formel $N + 100 \cdot P = 1000$. Der Gewinn beim Verkauf eines Produkts zum Preis P sei $g = P - 6$.

Damit erhalten wir die Gewinnformel $G = N \cdot (P - 6)$. Wir können die aufgelöste Preis-Absatz-Funktion in die Gewinnformel einsetzen und erhalten $G(P) = (1000 - 100 \cdot P) \cdot (P - 6) = 100 \cdot (16 \cdot P - P^2 - 60)$.

Aus der Bedingung $G' = 0$ ergibt sich $P^* = 8$. Wir erhalten einen maximalen Gewinn $G^* = G(8) = 400$ bei einem Absatz $N^* = 200$ und einem Umsatz $U^* = 1600$.

Die Maximierung des Umsatzes $U = P \cdot N$ führt übrigens auf die Werte $P^\circ = 5$, $N^\circ = 500$, $U^\circ = 2500$ und $G^\circ = -500$, Umsatzmaximierung führt also hier zu einem hohen Verlust.

Das Ganze funktioniert auch bei drei oder mehr Variablen.

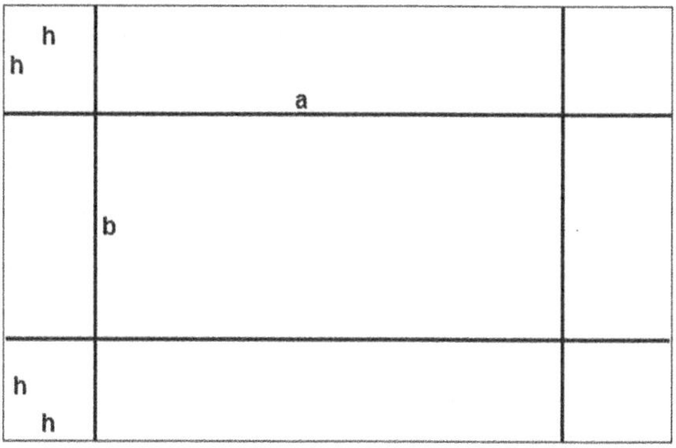

Abb. 5.4 Skizze zum Problem der Faltschachtel

Einfache Optimierungsaufgabe

Aus einem Blatt der Größe 20 cm · 30 cm soll gemäß Abb. 5.4 eine möglichst große Schachtel ohne Deckel gefaltet werden.

Die Schachtel habe die Maße a und b und die Höhe h (jeweils in cm). Damit ergeben sich die Nebenbedingungen a + 2h = 30 und b + 2h = 20 und die Zielfunktion V = a · b · h.

Durch Auflösen erhalten wir a = 30 − 2h, b = 20 − 2h und f(h) = V(h) = $(20 - 2h)(30 - 2h)h = 600h - 100h^2 + 4h^3$.

Aus $0 = f'(h) = 600 - 200h + 12h^2$ erhalten wir als einzige sinnvolle Lösung h = 3, 9, a = 22, 2, b = 12, 2 und V = 1056. Das erreichbare Volumen ist also ziemlich genau 1l.

5.3   Differenzialgleichungen

Zusammenhang zwischen Global und Lokal
Nicht nur im zeitlichen, sondern auch im räumlichen Bereich ist der Übergang von der infinitesimalen Beschreibung aufgrund eines Wirkungsgesetzes zu einer globalen Beschreibung wichtig.

5.3.1   Lokal und global

Eine Differenzialgleichung (DGL) erlaubt in Erweiterung der Betrachtungen von Abschn. 4.5.2 den Übergang von einer lokalen Beschreibung zur globalen Beschreibung, indem wie in Abb. 5.5 dargestellt aus einer Beschreibung der funktionalen Abhängigkeit für die Ableitung die gesuchte Funktion hergeleitet wird.

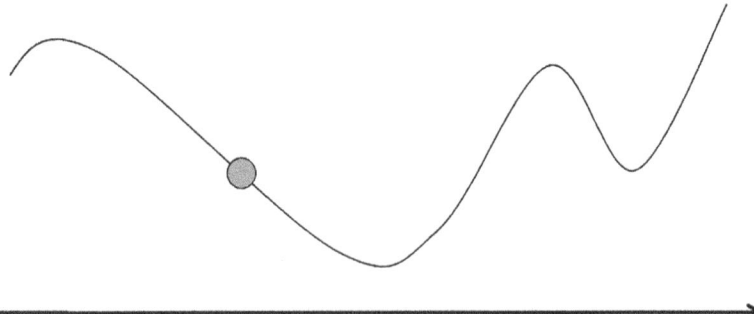

Abb. 5.5 Lokale und globale Beschreibung

Dabei gibt es unterschiedliche Beschreibungen und Komplexitäten dieses Zusammenhangs:

- implizit: ein beliebiger funktionaler Zusammenhang zwischen Funktonen und Ableitungen, etwa in der Form $F(x, y, y') = 0$
- explizit: die (höchste) Ableitung ist als Funktion der Variablen gegeben, etwa in der Form $y' = f(x, y)$.

5.3.2 Lösungsverfahren

Wir betrachten einige Verfahren zum Lösen von Differenzialgleichungen. Dabei zeigen wir, wie man von – bereits einfachen – Fällen von Differenzialgleichungen über immer einfachere Sonderfälle zu Lösungen kommen kann.

Einfacher Fall: Die explizite DGL erster Ordnung $y' = f(x, y)$
- Sonderfall: Die lineare DGL $y' = f(x) \cdot y$ lässt sich durch Integration explizit lösen.
- Sonderfall: Die DGL $y' = a \cdot y$ hat als Lösung die Exponentialfunktion $y = e^{ax}$.
- Sonderfall: Die DGl $y' = f(x)$ beschreibt die Stammfunktionen von f (Abschn. 4.5.2).

Einfacher Fall: Die explizite DGL zweiter Ordnung. $y'' = f(x, y, y')$
- Sonderfall: Die lineare DGL $y'' = c_0 - \omega^2 y + c_1 y' + f(x)$
- Sonderfall: Die lineare homogene DGL $y'' = c_0 y + c_1 y'$ hat als Lösungen Schwingungen, Exponentialfunktionen oder Kombinationen daraus (gedämpfte oder exponentiell anwachsende Schwingungen).
- Sonderfall: die lineare homogene DGL $y'' = -\omega^2 y$ hat als Lösungen ungedämpfte Schwingungen der Frequenz $\nu = \omega/2\pi$.

Neben der expliziten Angabe der Lösungen von Differenzialgleichungen bzw. Anfangswertproblemen sind auch deren Eigenschaften wichtig. So können wir die Lösungen der DGL $y'' = c_0 y + c_1 y' + f(x)$ anhand der Parameter c_0 und c_1 als gedämpfte oder exponentiell anwachsende Schwingungen charakterisieren und die Übertragungsfunktion des Systems, d. h. die Abhängigkeit der Lösung y von der Funktion f, anhand der Eigenschaften von f beschreiben.

Übertragungsfunktion und Stabilität

Ein dynamisches System sei durch die DGL $y'' = -\omega^2\, y + R\, y' + \sin\,(\lambda t)$ beschrieben. Die Lösungsfunktion y ist (vergl. Abschn. 5.10.1) eine Überlagerung einer gedämpften Schwingung mit einer Frequenz $\sqrt{\omega^2 - R^2/4}$ (freie Schwingung, homogene Lösung) und einer periodischen Schwingung mit Frequenz λ (erzwungene Schwingung, eingeschwungene Lösung).

▶ **Die Welt ist nicht statisch.**
   Differentialgleichungen

   - modellieren dynamische Systeme,
   - helfen beim Verständnis der Eigenschaften dynamischer Systeme,
   - erlauben den Schluss von der lokalen Beschreibung auf globale Eigenschaften.

5.4   Systemtheorie

Dynamische Systeme

5.4.1   Transformationsgleichungen

Der Kern der Beschreibung dynamischer Systeme ist der Begriff des Zustands. Die Transformation baut darauf auf: Im einfachsten Fall lässt sich der Zustand S zu einem späteren Zeitpunkt t + d aus dem aktuellen Zustand bestimmen: $S(t + d) = T(S(t), t, t + d)$.

Diese Übergangsfunktion T muss bestimmte Bedingungen erfüllen, damit die Übergangsgesetzte konsistent sind. z. B. $T(T(s, a, b), b, c) = T(s, a, c)$ und $T(s, a, a,) = s$.

In klassischen Modellen ist der Zustand als Zustandsvariable häufig eine Zahl oder ein Element eines mehrdimensionalen Raums. Der Übergang wird durch eine Differenzen- oder Differenzialgleichung ($ds/dt = f(s)$ bzw. $s_{n+1} = g(s_n)$) beschrieben. Das Übergangsgesetzt T ergibt sich dann als Lösung der Differenzen- bzw. Differenzialgleichung (Abschn. 5.3).

Exponentielles Wachstum

Im linearen Fall haben wir die Gleichungen $ds/dt = A \cdot s$ bzw. $s_{n+1} = s_n + A \cdot s_n$.

Im diskreten Fall ergibt sich aus $s_{n+1} = qs_n$ das exponentielle Wachstum $s_n = q^n \cdot s_0$.

Im kontinuierlichen Fall ergibt sich aus $ds/dt = a \cdot s$ die Funktion $s(t) = s_0 \cdot e^{at}$.

Beispiel:

Die Gleichung $s_{n+1} = 2 \cdot s_n$ mit $s_0 = 1$ liefert die Folge 2^n mit den Werten 1, 2, 4, 8, 16, 32, 64, 128, 256, 512, 1024, …

Die Gleichung $s' = s$ mit $s(0) = 1$ ergibt die Funktion $s(t) = e^t$ mit z. B. $s(1) = e = 2,718$ und $s(10) = 22026,5$ im Vergleich zu $2^{10} = 1024$.

5.4.2 Prozesse

Andere Beschreibungen dynamischer Systeme sind z. B. Netze oder Automaten. Diese nutzen beispielsweise Graphen (Abschn. 3.2.2 und 5.6), um Übergänge zu beschreiben. Ein einfaches Beispiel wäre das als dynamisches System (Übergänge) interpretierte Problem des Fährmanns (Abb. 5.6).

So lassen sich auch Geschäftsprozesse Abschn. 3.3.3 modellieren.

5.5   1 + 1 = 2

Wenn man etwas Selbstverständliches ausdrücken will, nimmt man gerne die Aussage $1 + 1 = 2$. Genau genommen verknüpft man damit die Operation des Zählens (die 2 ist der Nachfolger von 1) mit der mathematischen Operation der Addition. Als eine kleine Exkursion in mathematisches Denken wollen wir uns daher die Frage stellen, wie man sich eine Welt (oder eine Mathematik) denken muss, in der diese Aussage nicht gilt.

5.5.1 Alternativen

Um herauszubekommen, warum welche Regeln gelten, ist es in der Mathematik sinnvoll, sich im Sinne einer What-if-Analyse zu fragen, wann eine Regel nicht gilt. Wir stellen uns also die Frage

Was wäre, wenn die Aussage 1 + 1 = 2 nicht gelten würde?
Dazu gibt es mehrere Möglichkeiten und Konsequenzen:

- Die auf die 1 folgende Zahl wird mit einem anderen Symbol benannt bzw. bezeichnet. In einem System mit den Zahlen 1, Z ... gilt natürlich $1 + 1 = Z$ (Wie sprechen Sie dieses Symbol aus? Sie dürfen gerne „zwei" dazu sagen). Wir haben also bis auf eine Benennung dasselbe: Mathematik ist keine Frage der Bezeichnungen.
- $1 + 1 = 1$: Dieses extrem langweilige System kennt nur ein Objekt. Dieses neutrale Objekt der Addition, für das $1 + x = x$ dann für alle Zahlen x gilt, bezeichnen die Mathematiker üblicherweise als Null $= 0$. Man kann auch die Operationen umdefinieren, dann bezeichnet das „+"-Zeichen die Multiplikation und wir bleiben bei der 1 als neutrales Element der Multiplikation.
- $1 + 1 = 0$: in diesem Fall erhalten wir einen Ring bzw. Körper (Bezeichnung für eine mathematische Struktur mit Addition, Multiplikation und den meisten „üblichen" Rechengesetzen) mit zwei Elementen. Diese Addition mit den Rechengesetzen $1 + 1 = 0 + 0 = 0$ und $1 + 0 = 0 + 1 = 1$ entspricht beispielsweise dem Rechnen Modulo 2, den Rechenregeln für gerade ($=0$) und ungeraden ($=1$) Zahlen, der logischen Verknüpfung „exklusives oder" und der Berechnung der letzten Ziffer beim Binärsystem. Die zugehörige Multiplikation hat die klassischen Regeln $1 \cdot 1 = 1$ und $0 \cdot 0 = 1 \cdot 0 = 0 \cdot 1 = 1$.
- Für die Zahl zwei gibt es keine eigene Ziffer: das System hat nur zwei Ziffern. Wir haben hier ein Binärsystem. Die Zahl, die sich als Summe $1 + 1$ ergibt, wird im Binärsystem nicht durch eine eigene Ziffer, sondern bereits durch die zweistellige Zahl 10 (im Binärsystem $0010 = 0 \cdot 2^3 + 0 \cdot 2^2 + 1 \cdot 2^1 + 0 \cdot 2^0$) dargestellt. Hierzu passt der Witz „es gibt 10 Arten von Menschen: solche die das Binärsystem begreifen und solche, die das nicht begriffen haben". (siehe dazu Abschn. 5.5.2)
- Die mathematische Addition ist nicht die geeignete Operation obwohl es um so etwas wie „und" geht. Wir sind zwar im Bereich der natürlichen Zahlen, aber das „+" symbolisiert eine andere Operation in der Realität. Das Modell passt also nicht zu einer Addition: Dazu gehören die „UND" Operationen der Logik und Objekte, die beispielsweise durch Zusammenfügen in der Menge aber nicht der Zahl wachsen. „Ein Misthaufen und ein Misthaufen dazu bleibt ein Misthaufen".

5.5.2   1 + 1 = 10 oder die Digitalisierung

Die vorangegangene Analyse führt uns zum Thema der Digitalisierung (vergl. Abschn. 4.3.3). Diese Umsetzung der Zahlen in digitale physikalisch repräsentierbare und bearbeitbare Zustände ist vielleicht der wichtigste Beitrag der Mathematik zum heutigen Leben.

Alle Aufgaben der elektronischen Datenverarbeitung von einfachen Rechenaufgaben oder der Abspeicherung von Informationen, vom Betriebssystem bis zur komplexen Anwendung und Apps und den Methoden der künstlichen Intelligenz beruhen auf dieser binären Repräsentation.

Die Grundidee ist zunächst, Systeme zu haben, die zwei Zustände (interpretierbar als 0 und 1) einnehmen können und diese mit den Operatoren der Logik verknüpfen können. Zahlen können dann als Muster (interpretiert als Dualzahl nach einem Stellensystem auf Basis 2 analog zu Dezimalsystem) gespeichert und verarbeitet werden. So können die Zahlen von 0 bis 3 als $00 = 0, 01 = 1, 10 = 2$, $11 = 3$ und die Zahlen von 0 bis 255 als Binärzahlen 00000000 bis 11111111 repräsentiert werden. Auch andere Zahlsysteme, Buchstaben, Texte, Bilder und komplexere Informations- und Wissens-Strukturen können abgespeichert und verarbeitet werden.

Ebenso können Objekte der realen Welt identifiziert und beschrieben werden. Mit 33 Stellen (bit) kann man insgesamt 8 589 934 592 Objekte durchnummerieren – also z. B. alle Menschen auf der Erde. Für die ca. 110 Mrd. Menschen, die bis jetzt auf der Erde gelebt haben, brauchen wir nur vier Stellen mehr. Ein im Jahr 2017 geborener Mensch könnte also die fortlaufende Nummer 00011001 11010010 10100110 01011010 01111010 (binär) haben.

5.6   Mengen, Relationen und Graphen

Die Mengenlehre ist die Ausgangsbasis für die Behandlung komplexerer Strukturen. Im Folgenden betrachten wir nicht nur einfache Modellklassen (die Relation als „Mutter aller Modelle" und die Funktion als die wichtigste Methode zur Modellierung von Abhängigkeiten) sondern zeigen, wie ausgehend vom Begriff der Menge die mathematischen Begriffe Produkt, Relation und Funktion aufeinander aufbauend eingeführt werden können.

5.6.1   Mengen und kartesische Produkte

Das Kartesische Produkt zweier Mengen ist die Menge aller Paare (a, b) von Elementen a aus A und b aus B. Bei mehreren Mengen geht das entsprechend (statt von Paaren sprechen wir dann von n-Tupeln $(a_1, a_2 \ldots a_n)$). Die Anzahl der Kombinationen zweier Grundmengen mit A bzw. B Elementen ist A · B, bei mehreren Grundmengen hat man ein entsprechendes Produkt.

Das Kartesische Produkt spielt bei der Kombination verschiedener Komponenten eine wichtige Rolle, es wird beispielsweise durch den Morphologischen Kasten oder Matrizen bzw. Tabellen wie Tab. 5.1 visualisiert.

Wenn wir aus vier Grundmengen A, B, C, D die jeweiligen Hauptkomponenten eines Menüs, eines Gerichts oder allgemeiner eines Produkts oder eines Prozesses darstellen und jeweils 6 Elemente auswählen können, so haben wir insgesamt $6^4 = 1296$ Möglichkeiten. Wenn wir für A 12, B 5, C 7 und D 10 Möglichkeiten haben, ergeben sich insgesamt 4200 Möglichkeiten.

Auch hier haben wir erst einmal alle Kombinationsmöglichkeiten; wenn noch Auswahlregeln und Kriterien dazukommen, wird das Ganze komplexer. Am Beispiel von Menüs und Rezepten haben wir das in (Holzbaur 2013) dargestellt.

5.6.2   Relationen

Relationen (und damit auch Graphen) sind über das Kartesische Produkt definiert: die Relation ist eine Teilmenge des Kartesischen Produkts.

In Tab. 5.2 zeigen wir als Beispiel die Teiler-Relation

Solche Relationen können durch unterschiedliche Beziehungen wie Relevanz oder Zusammenhänge gegeben sein.

Kombination zweier endlicher Mengen: Gemeinsame Struktur

Die Tab. 5.3 gibt ein Beispiel für eine Relation durch die Beziehung relevanter Bereiche.

Tab. 5.1 Kartesisches Produkt der Mengen A = {a, b, c} und B = {1, 2, 3, 4, 5} als Tabelle

	1	2	3	4	5
a	a1	a2	a3	a4	a5
b	b1	b2	b3	b4	b5
c	c1	c2	c3	c4	c5

Tab. 5.2 Teilerrelation in tabellarischer Darstellung

	1	2	3	4	5	6	7	8	9	10	11	12	13
1	x	x	x	x	x	x	x	x	x	x	x	x	x
2		x		x		x		x		x		x	
3			x			x			x			x	
4				x				x				x	
5					x					x			
6						x						x	
7							x						
8								x					
9									x				
10										x			
11											x		
12												x	
13													x

Tab. 5.3 Tabelle zur Kombination von relevanten Unternehmensbereichen und Nachhaltigkeitsaspekten

	Management	Betrieb	Lehre	Transfer	Forschung
Ökonomie	x	x		x	
Ökologie		x			x
Soziales	x				
System	x				x

Aus der Relation R(x, y) wird eine Funktion, wenn es zu jedem Wert x genau einen Wert y gibt, sodass R(x, y) gilt. Wir schreiben dann y = f(x) für das eindeutig bestimmte y mit R(x, y). Eine grafische Darstellung eines funktionalen Zusammenhangs zeigt z. B. Abb. 5.9.

Funktionen

Aus der Relation R gegeben durch $a = b^2$ lassen sich zwei Funktionen herleiten:

Für alle b gibt es genau ein a, sodass $a = b^2$ gilt. Für diese Funktion schreiben wir einfach $a = b^2$.

Für alle $a \geq 0$ gibt es genau ein $b \geq 0$ sodass $b^2 = a$ gilt. Für diese Funktion schreiben wir $b = \sqrt{a}$.

Begriffsstruktur = Zusammenfassung der Definitionen

Produkt   Das Kartesische Produkt A x B zweier Menge A und B ist die Menge
              aller Paare (a, b) von Elementen aus A bzw. B.
Relation   Eine Relation R zwischen zwei Mengen A und B ist eine Teilmenge
              des Kartesischen Produkts A x B. Für (a, b) ∈ R schreibt man R(a, b)
              oder a R b.
Funktion   Eine Funktion ist eine Relation, bei der es jedem a ∈ A genau ein b ∈
              B gibt mit R(a, b). Für R(x, y) schreiben wir y = f(x).

Wir können nun beispielsweise den Elementen eines Kartesischen Produkts (oder
einer Relation) Werte zuordnen und so komplexere Strukturen formal aufbauen.

Funktionen auf dem kartesischen Produkt

Die Tab. 5.4 gibt ein Beispiele für eine Zuordnung von Werten zu den Elementen des Kartesischen Produkts (d. h. eine Funktion auf dem in Tabellenform
geschriebenen Produkt).

5.6.3   Graphen und Lösungswege

Jede Relation auf einer Menge M (d. h. zwischen M und sich selbst) definiert
einen Graphen, indem man den Elementen (a, b) die Rolle von Pfeilen mit
Anfangsknoten a und Endknoten b zuweist. Graphen hatten wir in Abschn. 3.2
schon betrachtet.

In Graphen kann man den Begriff des Pfades (Wegs) anschaulich definieren,
formal hat man eine Folge (a, b), (b, c) … (s, t), (t, z) von Pfeilen. Wege finden
sich in Karten, aber auch als Lösungswege in abstrakten Mengen. Hier wollen
wir anhand eines Beispiels die Verwendung von Graphen in der Lösungsfindung
zeigen.

Tab. 5.4 Tabellarische Darstellung zu strategischen Schwerpunkten

	Vergangenheit	Gegenwart	Zukunft
Positiv	Assets	Stärken	Chancen
Negativ	Altlasten	Schwächen	Risiken

Wolf-Kohlkopf-Ziege

Das bekannte Knobelproblem vom Bauern, der mit einem Wolf, einem Kohlkopf und einer Ziege über den Fluss übersetzen will, ohne dass der Wolf die
Ziege oder die Ziege den Kohl frisst, kann mit einem Graphen anschaulich
und einfach gelöst werden. Der jeweilige Zustand sei der Knoten des Graphen, dargestellt durch die Situation auf beiden Ufern. Die möglichen Über-
setz-Aktionen als Kanten verbinden die Zustände und man erkennt die zwei
Lösungswege. Man sieht in Abb. 5.6 auch, dass – durch das Kreuz angedeutet –
Problem und Lösung sowohl bezüglich der Uferseiten als auch bezüglich der
Rollen von Wolf und Kohlkopf symmetrisch sind.

Wir können daraus mehrere einfachere Graphen ableiten: Als Beschreibung
des Zustands reicht es, die Situation auf derjenigen Seite anzugeben, auf der
der Bauer ist. Den Übergang können wir durch das Objekt beschreiben, das
der Bauer im Boot mitnimmt. Da die Uferseite nun keine Rolle spielt, können

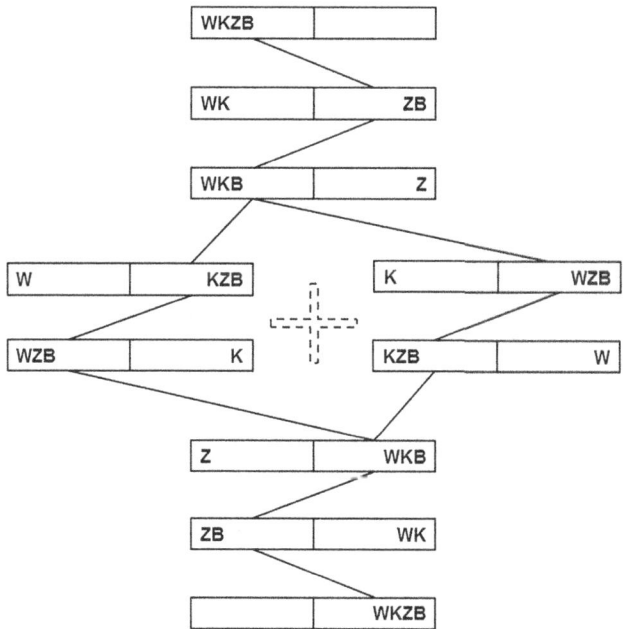

Abb. 5.6 Lösungsgraph für das Problem Wolf-Ziege-Kohlkopf

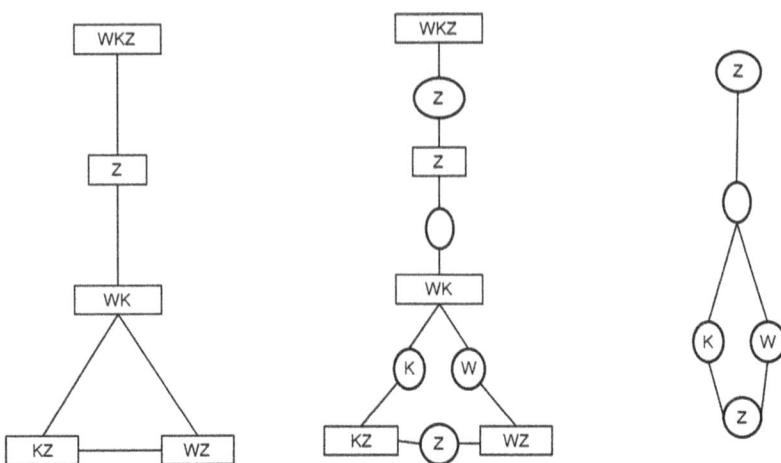

Abb. 5.7 Lösungsgraphen für das Problem Wolf-Ziege-Kohlkopf

wir den unteren Teil aus Symmetriegründen weglassen. Damit erhält man die in Abb. 5.7 gezeichneten Graphen, wobei der bipartite Graph in der Mitte den zustandsbezogenen links und den übergangsbezogenen rechts integriert.

5.7   Wahrscheinlichkeiten

Dem Zufall auf der Spur
Das Denken in Wahrscheinlichkeiten ist dem Menschen nicht angeboren. Für den Umgang mit Risiken und Chancen im wirtschaftlichen, öffentlichen und privaten Bereich sind Wahrscheinlichkeiten aber unumgänglich (Abschn. 3.4).

5.7.1   Bedingte Wahrscheinlichkeiten und Bayes-Schließen

Das einfachste Modell für Wahrscheinlichkeiten ist die in Abschn. 3.4.1 betrachtete Laplace-Wahrscheinlichkeit für Elementarereignisse. Im Allgemeinen werden Wahrscheinlichkeiten aufgrund komplexerer Modelle oder Verteilungsannahmen hergeleitet. Ein wichtiger Zugang zur Berechnung von Chancen und Risiken und zum Verständnis von empirischen Daten ist die bedingte Wahrscheinlichkeit.

▶ Die bedingte Wahrscheinlichkeit $P(A \mid B)$ ist die Wahrscheinlichkeit, dass das Ereignis A eintritt wenn das Ereignis B eingetreten ist (bzw. wenn wir wissen, dass B eingetreten ist).

Die Wahrscheinlichkeit, dass das Ereignis A und das Ereignis B gleichzeitig eintreten, kann dann als $P(AB) = P(A \mid B) P(B) = P(B \mid A) P(A)$ berechnet werden. Umgekehrt kann man die bedingte Wahrscheinlichkeit berechnen als $P(B \mid A) = P(AB)/P(A)$.

Daraus ergibt sich die Bayes-Formel $P(B \mid A) = P(A \mid B) P(B)/P(A)$.

Sind $B_1 \ldots B_N$ disjunkte Ereignisse, die zusammen die Wahrscheinlichkeit 1 haben, lässt sich die Wahrscheinlichkeit des Ereignisses A als Summe berechnen: $P(A) = \sum P(A \, B_i) = \sum P(A \mid B_i) P(B_i)$. Für ein bestimmte B* ist damit $P(B* \mid A) = P(A \, B*)/P(A) = P(A \mid B*) P(B*)/\sum P(A \mid B_i) P(B_i)$. Man kann also $P(B*\mid A)$ berechnen aus den Wahrscheinlichkeiten $P(A \mid B_i)$ und $P(B_i)$.

Beispiel zu Bayes und Produktfehler

Die Wahrscheinlichkeit einer fehlerhaften Lieferung sei 5 %. Fehlerhafte Lieferungen werden zu 90 % storniert. Fehlerfreie Lieferungen haben eine Wahrscheinlichkeit von 10 %, durch den Kunden storniert zu werden.

Dann ist:

- Die Wahrscheinlichkeit, dass eine Lieferung fehlerhaft ist und storniert wird: 4,5 %
- Die Wahrscheinlichkeit, dass eine Lieferung fehlerfrei ist und storniert wird: 9,5 %
- Die Gesamtwahrscheinlichkeit, dass eine Lieferung storniert wird: 14 %.

Die Frage, wie groß die Wahrscheinlichkeit ist, dass eine stornierte Lieferung fehlerhaft war, beantwortet man mit der Bayes-Formel. Aus den obigen Daten sehen wir aber unmittelbar, dass 4,5/14 = 32 % der stornierten Lieferungen aufgrund von Fehlern reklamiert wurden.

Begriffe um die Bayes-Formel

Bayes-Formel	$P(B* \mid A) = P(A \, B*)/P(A) = P(A \mid B*) P(B*)/\sum P(A \mid B_i) P(B_i)$
a-priori-Wahrscheinlichkeit	Wahrscheinlichkeit vor (der Information über den Ausgang von) Experiment B: $P(E)$
a-posteriori-Wahrscheinlichkeit	Wahrscheinlichkeit nach (der Information über den Ausgang von) Experiment B: $P(E\mid B)$

Die Bayes-Formel hat vielfältige Anwendungsmöglichkeiten und ist auch wichtig zum Verständnis mathematischer Schlussweisen und Tests, von AIDS-Test und Rasterfahndung bis hin zu empirischen und wissenschaftlichen Erkenntnissen generell.

Die Bayes-Formel kann einfach verstanden werden, wenn man eine große Zahl von Fällen betrachtet.

Beispiel zu Bayes und Tests

Das folgende Zahlenbeispiel ist für Tests (z. B. AIDS-Test), Big Data, Rasterfahndungen oder empirische Forschung relevant.

Wir betrachten einen Test auf eine Eigenschaft X, der mit einer Falschalarmrate von 2 % arbeitet. Die a-priori-Wahrscheinlichkeit für X sei 1 ‰, das heißt, jeder Tausendste hat diese Eigenschaft. Wenn nun der Test bei einer Person ein positives Ergebnis zeigt, wie groß ist die Wahrscheinlichkeit dafür, dass diese Person die Eigenschaft X wirklich hat?

Die a-priori-Wahrscheinlichkeit ist $P(X) = 1/1000$. Die Wahrscheinlichkeit für einen positiven Test ist P(Test positiv) P(X) + P(Test positiv | nicht X) P(nicht X) = 0,001 + 0,02. Damit ist die a-posteriori-Wahrscheinlichkeit P(X| Test positiv) = P(Test positiv) P(X)/P(Test positiv) = 0,001/0,021 = 0,048. Die Wahrscheinlichkeit dafür, in Wirklichkeit „negativ" zu sein, also die Eigenschaft nicht zu besitzen, obwohl der Test positiv ist, beträgt also 95 %.

Wenn der Test mit 1 Mio. Personen durchgeführt wird, sind im Mittel (Erwartungswert)

- 1000 positiv,
- 999000 negativ, davon erhalten 19980 ein positives Testergebnis,
- 20980 positive getestet, davon sind 1000 wirklich positiv und 19980 negativ.

Dies ist eines der Probleme der empirischen Forschung, wo im Allgemeinen mit einer Falschalarmrate (Fehler 1. Art) von 5 % gerechnet wird. Weitere Probleme liegen Wiederholung und parallelen Ausführung der Versuche wodurch sich die Falschalarmrate weiter erhöht und in der Fehlinterpretation beim negativen Ausgang eines Tests. Ein Zahlenbeispiel dazu betrachten wir in Abschn. 5.8.1.

5.7.2 Kleine und große Wahrscheinlichkeiten

Kleinvieh gibt auch Mist

Die Wahrscheinlichkeit eines Ereignisses, das in vielen Varianten (z. B. bei vielen Personen) oder bei vielen Versuchen (parallel oder sequenziell) eintreten kann, kann man aus der Wahrscheinlichkeit der Einzelereignisse bestimmen.

Ist p die Wahrscheinlichkeit des Einzelereignisses, so ist die Wahrscheinlichkeit, dass dieses Ereignis in einer von N Varianten eintritt $P = 1 - (1 - p)^N$. Ist p sehr klein und N nicht zu groß, so lässt sich dies durch $P = p \cdot N$ annähern, eine bessere Näherung auch für größere N ist $P = 1 - e^{-pN}$. Seltene Ereignisse kommen also – wenn es genügend viele Chancen gibt – gar nicht so selten vor.

Ein weiteres Beispiel ist die fixpunktfreie Vertauschung bei der man für eine zufällige Vertauschung (Permutation) der Elemente wissen will, wie groß die Chance ist, dass eines davon auf den eigenen Platz zurückkehrt. Hier ist die Wahrscheinlichkeit, dass mindestens eines der Ereignisse eintritt, für große N angenähert $P = 1 - 1/e = 0{,}632$.

Beispiele zur fixpunktfreien Vertauschung

Die Wahrscheinlichkeit, dass bei zufälligem Anordnen der Ziffern 1 ... 4 mindestens eine der Ziffern auf dem Platz mit der eigenen Nummer landet, ist $15/24 = 0{,}625$, die Wahrscheinlichkeit, dass keine auf dem Platz mit der eigenen Nummer landet, ist 9/24 (Die fixpunktfreien Vertauschungen sind: 2143, 2341, 2413, 3142, 3412, 3421, 4123, 4312, 4321).

Wird aus mehreren Organisationen jeweils eine Person ausgewählt und dann diese zufällig den Organisationen (z. B. als Prüfer) zugeordnet, so ist die Wahrscheinlichkeit, dass mindestens eine Person der eigenen Organisation zugeordnet wird, etwa 63 %.

Ketten

Ein weiteres Beispiel zur Manipulation mit Statistiken beruht ebenfalls auf der Tatsache, dass ein seltenes Ereignis bei hinreichend vielen Versuchen recht sicher eintritt.

Hellsehen und Aktienfonds

Wann würden Sie mir glauben, dass ich hellsehen kann? Etwa wenn ich 6-mal hintereinander ein Ereignis vorhersehe?

Dazu ein Gedankenexperiment: Suchen Sie sich eine Aktie XY oder einen Index XY. Nehmen Sie sich 2000 Kunden, schicken Sie jeweils der Hälfte eine Schreiben „XY fällt" und an die andere Hälfte ein Schreiben „XY steigt".

Schicken Sie dann jeweils derjenigen Hälfte, die die richtigen Schreiben bekommen hat, in der nächsten Woche wieder analoge Briefe. Nach 6 Wochen haben Sie fast 4000 Briefe verschickt, aber dafür etwa 30 Kunden, denen Sie 6-mal die Kursentwicklung korrekt vorhergesagt haben, und von denen die Hälfte sicher bereit ist, 1000 € für den nächsten Tipp zu bezahlen, und so weiter...

5.8   Stochastisches Schließen

Nicht nur Lügen mit Statistik
Da im Management (wie im täglichen Leben) im Gegensatz zur Physik Versuche nicht beliebig reproduzierbar sind, müssen Erkenntnisse mithilfe der Statistik gewonnen werden. Diese erlaubt den Schluss von einer Probe (Messungen, Empirie, Stichprobe) auf die Gesamtheit (Realität, Grundgesamtheit).

5.8.1   Statistik und Fehler

Um eine Hypothese zu überprüfen, wird in der Statistik analysiert, ob die Nullhypothese aufgrund der vorliegenden Daten abgelehnt werden kann, weil die Wahrscheinlichkeit für das Eintreffen der ermittelten Daten unter der Nullhypothese zu klein (Signifikanzniveau α) ist. Damit hat der Test aber eine Wahrscheinlichkeit von α, die Nullhypothese abzulehnen, obwohl diese richtig ist (Fehler erster Art).

Faire Münze α
Um zu testen, ob eine Würfel bevorzugt Zahl zeigt (Hypothese), werfen wir 5 Mal. Die Wahrscheinlichkeit, dass bei einer fairen Münze (Nullhypothese) 5-mal Zahl geworfen wird, ist $1/32 = 3\%$. Wenn also 5-mal Zahl geworfen wird, können wir die Nullhypothese verwerfen und die Münze als gefälscht entlarven.

Der Test sagt nur etwas über die Wahrscheinlichkeit für das Ergebnis aus.

Faire Münze und Bayes
Wenn wir wissen, dass jede tausendste Münze gefälscht ist, können wir gemäß der Rechnung in Abschn. 5.7.1 schließen, dass eine Münze, die 5-mal Zahl zeigt, mit einer Wahrscheinlichkeit von 80 % fair ist.

Tab. 5.5 Fehler erster und zweiter Art in der Stochastik

	H0 gilt	H0 gilt nicht
H0 akzeptiert	O. k.	Fehler 2. Art: β
H0 abgelehnt	Fehler 1. Art: α	O. k.

Die umgekehrte Wahrscheinlichkeit, die Nullhypothese anzunehmen, obwohl sie nicht richtig ist, bezeichnet man als Fehler zweiter Art (bezeichnet mit β). Diese Wahrscheinlichkeit kann nur dann berechnet werden, wenn eine bestimmte Alternativhypothese H_1 (oder mehrere Alternativen H_1, ..., H_n) vorausgesetzt wird. Die beiden Fehler sind nach Tab. 5.5 formal symmetrisch, nicht aber bezüglich ihrer Aussagekraft.

Faire Münze β

Wenn wir im obigen Beispiel von einer Münze ausgehen, die zu 90 % Zahl zeigt, ist die Wahrscheinlichkeit, dass höchstens 4-mal Zahl kommt, $1 - 0{,}9^5 = 0{,}41$. D. h. mit einer Wahrscheinlichkeit von $\beta = 41$ % geht die Münze als fair durch.

Um neben dem Fehler erster Art auch den Fehler zweiter Art klein zu bekommen, muss ein geeigneter Test ausgewählt und die Stichprobe hinreichend umfangreich gewählt werden. Für die genauen Zusammenhänge und die Berechnung der Fehler 1. und 2. Art sei auf die Literatur zur Statistik verwiesen.

Faire Münze α und β

Wenn wir die Münze 20 Mal werfen, bekommen wir eine höhere Trennschärfe:

Die Nullhypothese kann auf dem Niveau $\alpha = 5$ % ab einem Ergebnis von 14-mal Zahl abgelehnt werden.

Für eine Münze, die zu 90 % Zahl zeigt, ist die Wahrscheinlichkeit, dass weniger als 14-mal Zahl kommt, $\beta = 2$ ‰.

Ein ganz wichtiger Punkt ist der Umgang mit negativen Ergebnissen. Dass ein Test kein Ergebnis liefert bedeutet nur, dass die gemessene Abweichung (Testgröße) nicht groß genug war um signifikant zu sein. Dies kann daran liegen, dass der zu messende Effekt in Relation zur empirischen Basis zu klein ist oder daran, dass ein ungeeigneter Test genommen wurde.

Tab. 5.6 Fehler erster und zweiter Art bei der Qualitätsprüfung

	H0 gilt: Produkt o. k.	H0 gilt nicht, Fehler
H0 akzeptiert: Annahme	O. k.	Problem des Kunden: Fehlerhafte Produkte
H0 abgelehnt: Zurückweisung	Problem des Lieferanten: Rückweisung	Rechtlich o. k. aber vom Prozess her ein Problem für beide

Faire Münze Umkehrschluss

Im obigen Beispiel (5 Würfe) kann die Nullhypothese nicht verworfen werden, wenn 4-mal Zahl kommt. D. h. man kann nicht „beweisen" dass die Münze gefälscht ist. Dass 4-mal Zahl kommt ist aber kein Beweis für eine faire Münze.

Für die Qualitätsprüfung (Abnahme) eines Produkts bedeutet wie in Tab. 5.6 dargestellt ein Fehler 1. Art, dass das Produkt fälschlicherweise zurückgewiesen wird, bei einem Fehler 2. Art wird ein fehlerhaftes Produkt akzeptiert.

5.8.2   Vorsicht! Statistik! Korrelation und Kausalität

Die (lineare) Regression erlaubt die Analyse von Zusammenhängen zwischen numerischen Werten. Dabei wird im einfachen Fall von zwei Variablen x und y ausgegangen, für die eine gewissen Anzahl von Beobachtungen oder Messungen $(x_i, y_i,)$ vorliegt. Im Falle der linearen Regression wird eine lineare Funktion (Gerade) $y = mx + b$ bestimmt, die diese Werte (x_i, y_i) erklärt, d. h. die optimal an die Beobachtungen angepasst ist. Die Regression gibt den statistischen Zusammenhang und die Stärke des Zusammenhangs (Korrelation) an. Als Beispiele können Korrelationen zwischen Kosten und Mengen (fixe und variable Anteile, Kostentreiber) oder zwischen Umsatz und Gewinn dienen.

Für jede Kennzahl K, die als Quotient zweier Größen Y und X gebildet wird, sollte untersucht werden, ob wirklich eine lineare Beziehung $Y = K \cdot X$ vorliegt.

Als Maß für die Güte der Näherung kann die Summe der quadratischen Abweichungen $\sum_i(y_i - m\,x_i - b)^2$ dienen, diese hängt aber von der Skalierung ab. Der Korrelationskoeffizient ist unabhängig von der Skalierung und misst die Qualität des statistischen Zusammenhangs. Damit ist aber nur der statistische Zusammenhang bestimmt, ein kausaler oder funktionaler Zusammenhang ist damit nicht gezeigt. Der Zusammenhang kann auch auf einer gemeinsamen Abhängigkeit von oder einer Beziehung zu einer dritten Variablen beruhen.

Bringt der Storch die kleinen Kinder?

Es gibt einen statistischen Zusammenhang zwischen der Storchenpopulation und der Geburtenrate. Dies gilt zum einen bezüglich der letzten hundert Jahre, zum andern gilt es bezüglich unterschiedlicher Regionen. Die Korrelation ist aber auf die gemeinsame zeitliche Anhängigkeit zurückzuführen bzw. auf den Effekt, dass Storchenpopulation und Geburtenrate in ländlichen Gebieten hoch, in Großstädten eher niedrig sind.

In allen Fällen ist vor der Annahme einer Kausalität zu überprüfen, ob eine oder mehrere verborgene Variable die beiden Größen beeinflussen. Auch dies kann mittels mathematischer Methoden überprüft werden.

5.9   Algorithmen

Rechengesetze

Das Wichtigste für den Anwender der Mathematik ist die Frage, wie man die mathematischen Ergebnisse umsetzen, d. h. in der Praxis anwenden kann. Meist sind damit Rechenverfahren gemeint. „Nach Adam Riese" zu rechnen bedeutet, dass wir ein Rechenverfahren anwenden. Das kann von der schriftlichen Addition (mit Übertrag) bis zu komplexen Algorithmen gehen.

5.9.1   Mathematische Algorithmen

Algorithmen sind Rechenverfahren die auf mathematischen Sätzen beruhen.

Man könnte die Algorithmen oder numerischen Methoden auch als eines der A's in die Reihe der Grundlagen aufnehmen, sie spielen aber nur in der angewandten Mathematik eine Rolle, obwohl sie wichtig für die Wirtschaft sind. Beispiele praxisrelevanter Anwendungsgebiete von Algorithmen sind vielfältige Berechnungen, Komprimierung, Codierung, Klassifikation, Entscheidungen, Bildverarbeitung, Suchfunktionen, Lösen von Gleichungen.

Exemplarische Algorithmen

Gauß

Die Aussagen zur Äquivalenzumformung von linearen Gleichungssystemen führen zur Gaußschen Eliminationsmethode zur Lösung von Gleichungssystemen. Dabei werden systematisch so lange Nullelemente im Gleichungstableau erzeugt, bis sich die Gleichungen explizit auflösen lassen.

Newton

Durch Ersetzen einer Funktion $y = f(x)$ durch ihre Tangente $y = t(x) = f(x_0) + f'(x_0)(x - x_0)$ und Bestimmen der Nullstelle von t lässt sich die Nullstelle von f näherungsweise bestimmen: die Bedingung $t(x_1) = 0$ liefert $x_1 = x_0 - f(x_0)/f'(x_0)$. Dies lässt sich ausgehen von einem Punkt x_0 in der Nähe der Nullstelle wiederholt anwenden, und die Iteration $x_{n+1} = x_n - f(x_n)/f'(x_n)$ liefert immer bessere Näherungen an die wahre Nullstelle.

Beispiel: die Quadratwurzel aus 2 lässt sich als Nullstelle von $f(x) = x^2 - 2$ durch die Iteration $x_{n+1} = x_n - (x_n^2 - 2)/2x_n = (x_n^2 + 2)/2x_n$ annähern. Mit $x_0 = 1$ ergibt sich die Folge $x_1 = 3/2$, $x_2 = 17/12 = 1,41667$, $x_3 = 1,416667 - 0,002451 = 1,414216$.

Blackwell

Einen komplexeren Algorithmus beschreibt die Rückwärtsrechnung in der dynamischen Optimierung (Abschn. 6.1.1) zur Bestimmung optimaler Entscheidungen.

5.9.2   Künstliche Intelligenz

… eine andere Art von Modellbasierung:

Im Operations Research wird das Modell zum Problem so lange reduziert, bis man eine mathematisch exakte Lösung ermitteln kann. Die menschliche Kreativität und Intelligenz fließen also im individuellen Prozess der Modellierung und Modellreduktion sowie in der Methodenauswahl ein.

Im Ansatz der Künstlichen Intelligenz (KI) versuchen wir, ein sehr realitätsnahes Modell des Problems mit heuristischen Methoden zu lösen. Das Modell kann dabei z. B. eine natürlichsprachige Beschreibung des Sachverhalts und der Problemlösung oder eine Ansammlung von sehr vielen Datensätzen zur Beschreibung von Problem und Lösung sein.

Dabei greift die künstliche Intelligenz auf unterschiedliche Grundlagen zurück:

- auf die Verarbeitung von durch Modellierung aufbereiteten Problemen und Systemen
- auf exakte oder heuristische Algorithmen zur Lösung modellierter Probleme
- auf menschliches Wissen, das in geeigneter Form (Text, Wissensstrukturen) aufbereitet wurde.
- auf Daten und Informationen anhand derer das System angeleitet oder autonom lernt.

Diese Vielfalt der Methoden macht den Bereich Künstliche Intelligenz so komplex. Der Bereich des maschinellen Lernens wird durch die Verfügbarkeit großer Datenmengen (big data) gefördert.

Tic-Tac-Toe

Spiele wie Tic-Tac-Toe (Noughts and Crosses) und Mühle sind eher Probleme aus der frühen KI, da sie komplett formalisiert sind.

Lösungsstrategien können sein:

- Vollständige Aufarbeitung des Baumes aller Möglichkeiten
- Heuristische Suche im Lösungsraum und Bestimmung „guter" Situationen
- Lösungssuche durch viele Spiele Computer-Computer und Bestimmung von optimalen Zügen
- Analyse vieler menschlicher Spiele und Bestimmung von optimalen Strategien und Zügen
- Simulation und Analyse viele Spiele und Bestimmung von optimalen Zügen
- Codierung des menschliches Expertenwissens von Spielern z. B. in Regeln, Entscheidungstabellen, Bewertung von Spielsituationen oder abstrakteren Begriffswelten
- Heuristiken wie z. B.:
  Verhindere gegnerischen Sieg, versuche einen doppelten Angriff zu starten
  Versuche, strategisch wichtige Punkte zu besetzen.

Abb. 5.8 zeigt zwei Situationen, in denen es Gewinnzüge gibt, sowie zwei Spielsituationen, in denen jeder Spieler den Gewinn des anderen verhindern

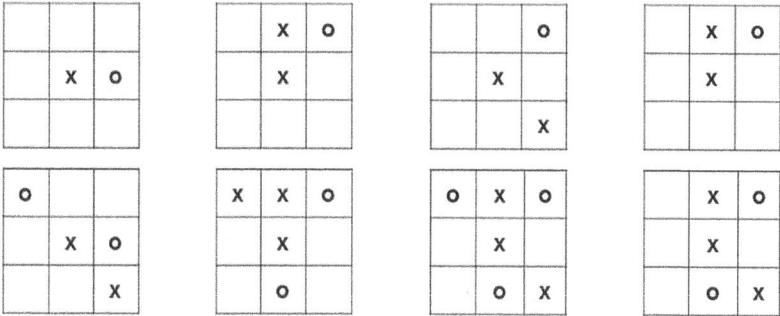

Abb. 5.8 Exemplarische Spielsituationen in Tac-Tac-Toe mit weiterer Entwicklung

kann. Insgesamt kann jeder Spieler den Gewinn des anderen verhindern, das Spiel hat als Sattelpunkt eine Zugfolge, die das Spiel mit einen Patt endet lässt.

The only winning move is not to play (wargames).

5.10 Lösungsstrukturen

Über die einzelne Lösung hinaus
In der Mathematik betrachten wir nicht nur die einzelnen Lösungen z. B. von Gleichungen, sondern interessieren uns für die Struktur der Lösungsmenge:

*   Ist die Lösung z. B. einer Gleichung eindeutig?
*   Welche Elemente einer Menge erfüllen eine bestimmte Bedingung?
*   Wie ist die Lösungsmenge strukturiert?
*   Wie verändert sich die Lösungsmenge in Abhängigkeit von Parametern?

Nun schließt sich der Kreis zur Analytischen Geometrie, die eine besonders anschauliche und eingängige Darstellung einfacher Lösungsmengen als Teilmengen in einem mehrdimensionalen Raum (Tab. 4.4) bietet.

5.10.1 Lösungsmengen für lineare Systeme

Die einfachsten Lösungsstrukturen ergeben sich bei linearen Systemen. Wenn das Gleichungssystem eine lineare Struktur hat, überträgt sich diese auch die Lösungsmenge. Damit können wir z. B. einzelne Elemente der Lösungsmenge einfach bestimmen.

Ist L ein linearer Operator, d. h. $L(x + y) = L(x) + L(y)$ und $L(ax) = aL(x)$ dann gilt:

Für Lösungselemente h_1 und h_2 des homogenen Systems $L(x) = 0$ ist auch die Summe $h_1 + h_2$ und jedes Vielfache $a \cdot h_1$ eine Lösung. Die Lösungsmenge L_H ist also ein Vektorraum.

Die Lösungsmenge des inhomogenen Systems $L(x) = b$ ist etwas komplexer: Ist h_1 eine Lösung des homogenen Systems und h_p eine Lösung des inhomogenen Systems, so ist die Summe $h_1 + h_p$ wegen $L(h_1 + h_p) = L(h_1) + L(h_p)$ eine Lösung des inhomogenen Systems. Die Lösungsmenge ist also eine sogenannte lineare Mannigfaltigkeit, was im Fall von einer oder zwei Gleichungen im dreidimensionalen Raum einer Ebene bzw. Gerade entspricht. Solche linearen Mannigfaltig-keiten sind die in der Tabelle Tab. 4.4 dargestellten Lösungsmengen.

Differenzialgleichungen
Auch die Lösungsmenge von Differenzialgleichungen beispielsweise der Form $a\ y'' + b\ y' + c = f$ mit einer Inhomogenität $f(t)$ setzt sich nach der Formel $y_I = y_{II} + y_s$ mit einer speziellen Lösung y_s der inhomogenen und den allgemei-nen Lösungen der homogenen Differenzialgleichung $a\ y'' + b\ y' + c = 0$ zusam-men. Damit lassen sich z. B. Anfangswertprobleme durch die Rückführung auf algebraische Gleichungen lösen.

Inhomogene lineare Differenzialgleichung
Die lineare Differenzialgleichung $y' + y = 1$ hat

- als allgemeine Lösung der homogenen DGL $y' + y = 0$ die Funktionen $y(t) = c \cdot e^{-t}$
- als spezielle (partikuläre) Lösung z. B. die konstante Funktion $y(t) = 1$
- damit als allgemeine Lösung die Funktionen $y(t) = 1 + c \cdot e^{-t}$
- als Lösung des Anfangswertproblems mit $y(0) = 3$ die Funktion $y(t) = 1 + 2 \cdot e^{-t}$

5.10.2 Nichtlineare Systeme und Fixpunkte

Nichtlineare Gleichungen haben im Allgemeinen auch komplexere Lösungsmen-gen und unübersichtlichere Strukturen.

Lösungsmenge nichtlinearer Systeme
Die Gleichung $x^2 + y^2 + z^2 = R^2$ hat als Lösungsmenge die Oberfläche einer Kugel mit Radius R.
Die Gleichung $A\ x^2 + B\ y^2 + C\ z^2 = R^2$ hat als Lösungsmenge je nach Vor-zeichen von A, B und C unterschiedliche Figuren wie Kegel, Ellipsoide oder Hyperboloide.

Ein wichtiges Beispiel von Gleichungen sind Fixpunktgleichungen $x = F(x)$, ihre Lösungen nennt man Fixpunkte der Abbildung F. Die Anwendung geht von einfachen Gleichungen bis zu komplexen Strukturen wie den in Abschn. 5.7.2. betrachteten Permutationen oder den in Abschn. 6.1.1. zu betrachtende Optima-litätsgleichungen.

Fixpunkt und Dynamik

Ist F(s) die Übergangsfunktion eines dynamischen Systems $s_{n+1} = F(s_n)$, so ist jeder Fixpunkt von F eine stationäre Lösung des dynamischen Systems.

Unter geeigneten Bedingungen lassen sich andererseits Fixpunkte von F durch die Iteration $x_{n+1} = F(x_n)$ approximieren.

Wenn es auf der Menge M, auf der die Abbildung F definiert ist, eine Addition und ein neutrales Element gibt (Vektorräume, Zahlen), so ist $x = F(x)$ äquivalent zu $F(x) - x = 0$. Man kann also auch umgekehrt die Nullstellenbestimmung $g(x) = 0$ als Fixpunktproblem $x + g(x) = x$ beschreiben.

5.10.3 Parameter und Inverse

Die zu Beginn des Kapitels gestellte Frage nach der Lösungsmenge der Gleichung $y = f(x)$ in Abhängigkeit von y wollen wir nun vertieft betrachten.

Die Menge aller möglichen Urbilder $\{x: f(x) = y\}$ bezeichnen wir mit $f^{-1}(y)$.

Ist die Abbildung f eineindeutig, so ist durch $f(x)=y$ die Umkehrfunktion $x = f^{-1}(y)$ definiert.

Urbilder und Lösungsmengen im linearen Fall

Die Urbilder der durch $f(x) = a_1 \times_1 + a_2 \times_2$ definierten Abbildung sind die Geraden $a_1 \times_1 + a_2 \times_2 = c$.

Die Urbilder des für die Funktionen y durch $D(y) = y' + y$ definierten Differenzialoperators sind gerade die Lösungen y der Differenzialgleichung $y' + y = g$ mit der Inhomogenität g. Ist g eine Konstante, so sind dies die Funktionen $y(t) = g + c \cdot e^{-t}$.

Achtung: Mit f^{-1} wird ab und zu (in Erweiterung des Exponenten) auch die Funktion 1/f bezeichnet, insbesondere in der Form x^{-1}.

Umkehrfunktion

Die Umkehrfunktionen zu $f(x) = x^2$ ist die Wurzelfunktion $y = f^{-1}(x) = \sqrt{x} = x^{1/2}$.

Mit Umkehrfunktionen im allgemeinen Sinne kehrt man den Zusammenhang zwischen Urbild (Variable) und Bild (Funktionswert) um. Dies spielt beispielsweise bei Messprozessen (Beobachtung, Indikatoren, Ökonometrie, Controlling) eine Rolle:

Beobachtung und Realität

Wenn wir von einer Beobachtung oder einem Indikator auf die Realität schließen, wollen, kehren wir den Beobachtungsprozess um: es gilt wie in Abb. 5.9:

Beobachtung = f (Realität)

Realität = f^{-1}(Beobachtung)

dabei ist f durch das verwendete Modell definiert.

Bei jedem Indikator gehen wir von einem funktionalen Zusammenhang zwischen dem realen Phänomen und dem verwendeten Indikator aus. Die Frage ist, wie gut man aus dem beobachteten Indikator auf das interessierende Phänomen zurückschließen kann.

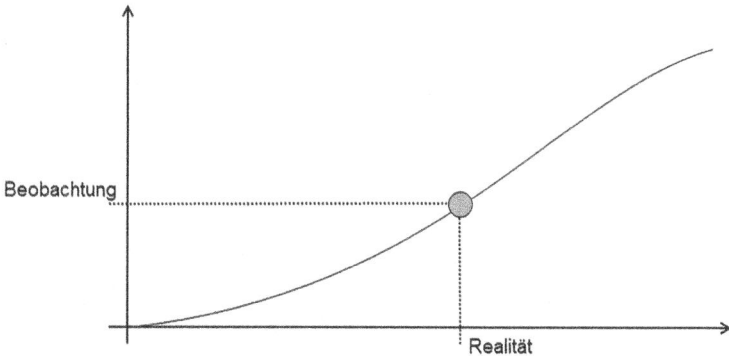

Abb. 5.9 Beobachtung und Realität

Beispiele zur Mathematik für Manager

6

Benutzen Sie die mathematischen Methoden

▶ Abschließend betrachten wir zwei komplexe Beispiele zur Anwendung mathematischer Methoden in abstrakten, aber managementrelevanten Problemen. Hier zeigen wir aus Sicht des Managements und der Schnittstelle zum Management, wie Zahl, Ziel, Zeit, Zufall und Zusammenhang integriert betrachtet werden müssen und können.

6.1 Stochastische Dynamische Optimierung – Würfeln

Stochastik, Dynamik und Entscheidung
Als einfaches Beispiel wählen wir ein Würfelspiel, das eine Option beinhaltet: Sie dürfen mit einem Würfel viermal würfeln und jedes Mal wählen, ob Sie den Wurf behalten oder nicht. Wie entscheiden Sie sich?

6.1.1 Stochastische Dynamische Optimierung

Entschieden in unsicheren dynamischen Situationen
Als Grundlage für die Frage des optimalen Würfelns und abschließendes Beispiel für die Integration der unterschiedlichen Aspekte in einem Modell betrachten wir die stochastische dynamische Optimierung. Das Ganze kann noch (in einem Modell oder Atlas) um Aspekte der Spieltheorie, Vernetzung und Entscheidungstheorie ergänzt werden.

© Springer Fachmedien Wiesbaden GmbH 2018
U. Holzbaur, *Mathematik für Manager*,
https://doi.org/10.1007/978-3-658-19664-6_6

Life can only be understood looking backwards
but it must be lived looking forwards
S. Kierkegaard

Die Verbindung der Komponenten Zeit (Dynamik), Ziel (Optimierung) und Zufall (Stochastik) findet man in der stochastischen dynamischen Optimierung. Natürlich spielen dort auch Strukturen (des Problems und der optimalen Lösung) und Zahlen eine Rolle. Leider sind sie von der Mathematik her nicht so einfach und formal ziemlich komplex, sodass hier nur die Grundmodelle erläutert werden können. Es ist aber besser, die Dynamik wenigstens mit einfachen Modellen zu berücksichtigen, als sie ganz zu ignorieren.

Probleme der dynamischen Optimierung haben einen dynamischen Ablauf, dessen Entwicklung und Kosten durch Entscheidungen beeinflusst werden. Sie sind formal gekennzeichnet durch die folgenden Größen:

- Die Zeitachse (diskret mit einzelnen Schritten n oder kontinuierlich mit einer Variable t)
- Den Planungshorizont oder ein unendlicher Horizont
- Einen Zustandsraum S (Menge der möglichen Zustände s) für das dynamische System
- Den Aktionenraum A (Menge der möglichen Aktionen a)
- Ein Übergangsgesetz, das die Dynamik bzw. die Zufallsgesetzte der Dynamik beschreibt
  - zeitdiskret deterministisch: $s_{n+1} = T_n(s_n, a_n)$
  - kontinuierlich deterministisch z. B. $ds/dt = T_t(s, a)$ (kontinuierlicher Zustandsraum)
  - diskret stochastisch $P_n(s_{n+1}|s_n; a_n) = p_n(s_{n+1}, s_n, a_n)$ (diskreter Zustandsraum)
  - weitere Kombinationen, die mathematisch komplexer sind.
- Die Gewinnfunktion $r_t(s, a)$ und der Endgewinn $V(s, a)$
- Eine Entscheidungsfunktion oder Politik π ist eine Funktion von s und t. Dabei gibt π die zur Zeit t im Zustand s gewählte Aktion $a = \pi_t(s)$ an.

Die optimale Gewinnfunktion im Ausgangszustand s, $V_N(s)$ ist dann das Maximum des Gesamtgewinns $V_N(s)$ über alle möglichen Politiken π. Die optimale Gewinnfunktion des n-stufigen Problems lässt sich im zeitdiskreten Fall mit der Bellman-Optimalitätsgleichung rekursiv berechnen

$$V_n(s) = max \left\{ r_n(s,a) + \sum p_n(\tau, s, a) \, V_n(\tau) \right\}.$$

Das Prinzip der Optimalitätsgleichung lässt sich nicht nur bei dynamischen Problemen (zeitabhängige Optimierung) sondern auch bei kombinatorischen Problemen und Netzplänen einsetzten.

Für ein Problem mit unendlichem Horizont (und einer Abdiskontierung mit $\beta = \frac{1}{1+i}$ mit einem Zinsfaktor i) ergibt sich eine Bellman-Fixpunkt-Gleichung

$$V(s) = max \left\{ r(s,a) + \beta \sum p(\tau, s, a)\, V(\tau) \right\}.$$

Für das allgemeine Problem der stochastischen dynamischen Optimierung gibt es viele Spezialfälle, die einfacher zu beschreiben sind. Beispiele sind:

- Deterministische Modelle mit p(T(s, a), s, a) = 1 für eine Übergangsfunktion T(s, a) (vgl. Abschn. 5.4.1)
- Stopp-Probleme mit A = {stoppen, weitermachen} und einem gestoppten Zustand (Ende).

Andererseits gibt es Verallgemeinerungen, beispielsweise Modelle in denen die Übergangsgesetze nicht bekannt sind.

6.1.2 Modellkomponenten

Das Würfelproblem lässt sich durch die fünf Z beschreiben.

- Ziel: Das Ziel kann die erwartete Punktzahl oder die Gewinnwahrscheinlichkeit (Sieg über den Gegner) sein. Die Entscheidung ist dabei Weiterwürfeln oder Aufhören.
- Zufall: Kommt durch das Würfeln und eventuell durch das Verhalten des Gegners.
- Zeit: Aufeinanderfolgende Würfe, d. h. die mögliche weiteren Entwicklungen, sind zu berücksichtigen.
- Zusammenhang: Wünschenswert wäre, die Struktur des Spiel und der optimalen Regeln zu erkennen.
- Zahl: Wenn wir das ganz berechnet haben, können wir beispielsweise die erwartete Auszahlung und damit den Wert des Spiels (z. B. einen fairen Einsatz oder Optionspreis) bestimmen.

Die Lösung kann mithilfe der Rückwärtsrechnung der Stochastischen Dynamischen Optimierung berechnet werden.

Tab. 6.1 Optimale Lösung des Würfelproblems

Anzahl n Würfe übrig	Erwartungswert V_{n-1}	Kleinste Zahl, die behalten wird
1	3,5	4
2	4,25	5
3	4,67	5
4	4,94	5
5	5,13	6
6	5,27	6

Für mehr Würfe wächst der Erwartungswert, und offensichtlich wird man nur eine 6 behalten

6.1.3   Erwartungswert

Wir betrachten zunächst das Spiel unter der Annahme, dass Sie als Spieler einen maximalen Erwartungswert erreichen wollen. Dann kann man den optimalen Erwartungswert, wenn wir X gewürfelt haben und noch n Würfe haben, als $V_n(X)$ einführen und wie in Abschn. 6.1.1 beschrieben rekursiv berechnen. Aufgrund der Regeln (behalten oder würfeln) ist $V_n(X) = $ max (X, V_{n-1}) wobei der erwartete Gewinn V_{n-1} der Mittelwert der Gewinne $V_{n-1}(X)$ über alle möglichen Ergebnisse X ist.

Offensichtlich ist $V_0(X) = X$, $V_1 = 1/6(1 + 2 + 3 + 4 + 5 + 6) = 3,5$ und weiter $V_2(1) = V_2(2) = V_2(3) = 3,5$, $V_2(4) = 4$, $V_2(5) = 5$, $V_2(6) = 6$ und $V_2 = 4,25$. Weitere Stufen sind in Tab. 6.1 zusammengefasst.

6.1.4   Komplexere Entscheidungssituationen

Komplexer wird die Fragestellung, wenn Ihr Ziel als Spieler darin besteht, mehr Punkte zu bekommen als Ihr Gegner.

Die optimale Strategie hängt dann davon ab

- ob Sie die Ergebnisse des Gegners kennen oder nicht,
- ob Sie mehr Punkte bekommen wollen oder mindestens genauso viele,
- welche Strategie ihr Gegner spielt bzw. welche Sie vermuten.

Kennt man die gegnerische Punktzahl nicht, stellt sich z. B. die Frage ob man beim vorletzten Würfeln eine 5 behalten soll. Dies zeigt auch die Bedeutung von Information (Abschn. 3.5.3): Kenne ich die Augenzahl des Gegners, so ist die Strategie denkbar einfach.

6.1.5 Simulation und Planspiel

Insgesamt kann dieses mathematiklastige Beispiel durchaus auch durch Spielen, d. h. durch Würfeln mit einem realen oder simulierten Würfel erfahren werden. Dazu muss man es nur lange genug spielen und die Ergebnisse reflektieren. Dies zeigt dann auch, wie Spielen hilft, Zufälle, komplexe Zusammenhänge, die Bedeutung von Entscheidungen, Ideen der Stochastik und Grundkonzepte des Managements zu verstehen. Dies ist die Basis für die Anwendung von Planspielen.

6.2 Modellieren und Schließen – Ziegenproblem

Modelle der Welt bilden die Basis für unsere Entscheidungen. Die Modellbildung ist ein kreativer Prozess, der das reale System und die Zielsetzung des zu generierenden Modells (Abschn. 2.3.2) berücksichtigen muss. Die darauf aufbauende mathematische Analyse ist mehr oder weniger zwangsläufig und kann voraussichtlich irgendwann in vielen Fällen durch Computer erledigt werden.

Die Frage, welches Modell der Realität das richtige ist, hängt nicht nur vom Realitätsbezug (Semantik) sondern auch vom Einsatzzweck und der geplanten Nutzung des Modells (Pragmatik) ab. Dies gilt für den Ansatz zum Umgang mit Menschen (Theorie X – Theorie Y) genauso wie für die Modellierung entscheidungsrelevanter Faktoren. Ein einfaches Beispiel möchten wir hier mit dem sogenannten Ziegenproblem vorstellen.

6.2.1 Modellbildung und Stochastik

Ein gutes Modell (Sicht auf die Dinge) ist die halbe Lösung
Bei einer Show sei der Preis in einer von drei Schachteln versteckt (im Original verbirgt sich hinter einer der Türen ein Preis, hinter zweien eine Ziege – daher der Name). Nachdem Sie sich für eine der Schachteln entschieden haben, öffnet der Showmaster eine der anderen, und zeigt Ihnen, dass diese leer ist.

Sie haben Schachtel a gewählt, der Showmaster hat Schachtel b geöffnet und zeigt, dass diese leer ist. Was ist zu tun?

Die Grundlage des Ganzen ist die Wahrscheinlichkeitsrechnung: Wie groß ist die Chance, dass der Gewinn in der Schachtel x ist, wenn der Kandidat die Schachtel T gewählt hat und der Showmaster gezeigt hat, dass in der Schachtel z kein Gewinn ist.

Mathematisch formuliert wäre das – wenn man die durch den Kandidaten gewählte Schachtel T als fix annimmt – $P(x|z)$. Mit der Bayes-Formel (Abschn. 5.7.1) $P_{Gewinn}(x|z) = P_{öffnen}(z|x) \cdot P(x)/P(z)$ reduziert sich das Ganze auf die Frage, wie man das Verhalten des Showmasters richtig modelliert: Welche Schachtel z öffnet er, wenn Schachtel T gewählt wurde und der Gewinn in Schachtel x ist? Wir beschreiben also das Verhalten des Showmasters durch die Wahrscheinlichkeiten $P_{öffnen}(z|x)$.

Der Einfachheit halber verwenden wir im Folgenden ergänzend zur Schreibweise der bedingten Wahrscheinlichkeiten, eine einfach verständliche Tabellenform.

6.2.2 Klassische Lösung

Wir gehen davon aus, dass der Showmaster nach einem vorgegebenen Mechanismus agiert, d. h. dass er immer eine derjenigen nicht getippten Türen öffnet, hinter der sich kein Gewinn verbirgt. Es ist also in obiger Notation $P_{öffnen}(T|z) = 0$ für $z \neq T$ und $P_{öffnen}(z|z) = 0$. Außerdem ist $P_{öffnen}(x|T) = 1/2$ für alle $x \neq T$ und $P_{öffnen}(x|z) = 1$ falls $z \neq T$ für dasjenige x mit $x \neq T$ und $x \neq z$.

Jede Schachtel enthält den Gewinn mit Wahrscheinlichkeit 1/3. Wenn der Gewinn in Schachtel a ist und der Proband tippt Schachtel a, ist die bedingte Wahrscheinlichkeit, dass der Showmaster eine der beiden anderen Schachteln öffnet, jeweils 1/2, die Gesamtwahrscheinlichkeit jeder der Schachteln ist dann 1/6. Wenn der Gewinn in Schachtel b oder c ist und der Kandidat tippt Schachtel a, wird er jeweils die dritte und als einzige übrig bleibende Schachtel öffnen, die bedingte Wahrscheinlichkeit für diese dritte Schachtel ist also 100 % und die Gesamtwahrscheinlichkeit der Schachtel ist 1/3.

Man sieht nun, dass beispielsweise bei dem Ergebnis „a getippt, b geöffnet", die Wahrscheinlichkeit für „Gewinn in c" doppelt so hoch ist wie für „Gewinn in a". Wechseln ist also die richtige Strategie. Ein Analogmodell dazu, in dem z. B. 98 von 100 Schachteln geöffnet werden, ist intuitiv schnell verständlich. Diese klassische oder „regelgläubige" Lösung zeigt Tab. 6.2.

Tab. 6.2 Klassische Lösung zum Ziegenproblem wenn a getippt wurde

	Showmaster öffnet a	Showmaster öffnet b	Showmaster öffnet c
Gewinn ist in a	0	1/6	1/6
Gewinn ist in b	0	0	1/3
Gewinn ist in c	0	1/3	0

6.2.3 Alternative Modelle

Wenn man die obige Erklärung des Verhaltens des Showmasters nur als eine Beschreibung eines einmaligen Ablaufs sieht und nicht als feste Regel interpretiert, sind auch andere angenommene Verhaltensmuster möglich. Dabei kann der Showmaster als Freund oder Feind wahrgenommen werden.

Wohlwollender Showmaster
Ein wohlwollender Showmaster würde die Schachtel sofort öffnen, wenn die Kandidatin richtig getippt hat. Es ist also in obiger Notation $P_{\text{öffnen}}$ (T|T) = 1 und $P_{\text{öffnen}}$ (x|z) = 1 falls z $\neq$ T für dasjenige x mit x $\neq$ T und x $\neq$ z. Sonst öffnet er eine leere Schachtel. Diese „optimistische" oder „philantrope" Lösung zeigt Tab. 6.3.

Auch aus diesem – im Sinne der klassischen Ausgangfragestellung falschen – Modell ergibt sich also die richtige Lösung.

Feindlicher Showmaster (Modell Hütchenspieler)
Wenn man allerdings davon ausgeht, dass der Showmaster gegen den Kandidaten spielt, würde der Showmaster sofort die Tür öffnen, wenn sich der Kandidat vertippt hätte. Nur im anderen Fall würde er versuchen, ihn abzulenken. Es ist also in obiger Notation $P_{\text{öffnen}}$ (x|T) = 1/2 für die beiden x $\neq$ T und $P_{\text{öffnen}}$ (z|z) = 1 falls z $\neq$ T. Diese „pessimistische" oder „misanthrope" Lösung zeigt Tab. 6.4.

Wenn man von diesem Modell ausgeht, ist klar, dass man die Schachtel nicht wechselt.

Tab. 6.3 Modell Wohlwollender Showmaster beim Ziegenproblem wenn a getippt wurde

	Showmaster öffnet a	Showmaster öffnet b	Showmaster öffnet c
Gewinn ist in a	1/3	0	0
Gewinn ist in b	0	0	1/3
Gewinn ist in c	0	1/3	0

Tab. 6.4 Modell feindlicher Showmaster zum Ziegenproblem wenn a getippt wurde

	Showmaster öffnet a	Showmaster öffnet b	Showmaster öffnet c
Gewinn ist in a	0	1/6	1/6
Gewinn ist in b	1/3	0	0
Gewinn ist in c	1/3	0	0

Zusammenfassung 7

Lass dich nicht verwirren!

▶ Nach dieser Tour durch die Mathematik, das Management und ihre vielfältigen Wechselbeziehungen ist klar geworden, warum mathematisches Denken gerade für das Management so wichtig ist. Der Manager (bzw. die Managerin, dies sei am Schluss dieses Textes nochmals explizit erwähnt) muss mit komplexen Strukturen umgehen und in einer Vielzahl von System agieren, die sich dynamisch und zufällig entwickeln und in denen viele Akteure auf die Aktionen des Managers reagieren.

Manager müssen mit komplexen Strukturen umgehen und in komplexen Systemen agieren. Dazu sind die entsprechenden Modelle und das Verständnis für das Verhalten komplexer Systeme notwendig. Die Mathematik liefert dafür keine Kochrezepte oder Heilsversprechen, sie liefert auch keine geschlossenen Lösungen. Sie hilft nur, das Problem in seiner Gesamtheit zu verstehen und Problem und Aspekte zu modellieren, um aus den abgeleiteten Teillösungen eine optimale Lösung zu integrieren. Und sie trägt dazu bei, dass die Lösung optimal nicht nur im Sinne eines abgeleiteten Kriteriums, sondern im Sinne des Gesamtziels ist.

Welche Modelle und Methoden dazu im Einzelnen gebraucht werden, ist nicht vorhersehbar. Die Mathematik bietet einen Werkzeugkasten und die Kompetenz, diesen zu benutzen. Dabei muss man die Vielfalt der Werkzeuge beherrschen sowie das jeweils richtige Werkzeug kompetent auswählen und einsetzen können: Das Sprichwort „For a man who has a hammer, everything looks like a nail" beschreibt sehr gut die Probleme bei der Anwendung eines „universellen" Werkzeugs. Mathematikkompetenz umfasst nicht nur die Beherrschung der

© Springer Fachmedien Wiesbaden GmbH 2018
U. Holzbaur, *Mathematik für Manager*,
https://doi.org/10.1007/978-3-658-19664-6_7

Werkzeuge, sondern auch die Kompetenz zum Einsatz des richtigen Werkzeugs und zur Anpassung der Werkzeuge.

Mathematisches Denken bedeutet vor allem das Nutzen der Prinzipien und Strukturen der Mathematik.

7.1   Sapere Aude

Denken in komplexen vernetzten unsicheren dynamischen Systemen

Dieses Kapitel hätte auch die Überschrift „Erkläre mir die Welt" oder „Stochastische dynamische komplexe Systeme" haben können. Das Verständnis für die komplexen Zusammenhänge in der Welt ist der Schlüssel für das Treffen richtiger Entscheidungen. Und neben das Verständnis, also die Erklärung für einen selbst, tritt als wichtige Komponente der Führung das Erklären: Wer führt, muss Entscheidungen und Visionen vermitteln können. Daraus ergibt sich die Notwendigkeit, Modelle der Welt als Basis von Entscheidungen und als Darstellung zukünftiger Zustände zu entwickeln, um damit Vertrauen und Zustimmung zu Entscheidungen und Strategien zu schaffen.

Das Verständnis für komplexe Systeme und ihr Verhalten ist wohl die wichtigste Voraussetzung für das Management komplexer Systeme und für das Führen von Menschen. Dabei muss klar sein, dass auch das zu managende System ebenfalls komplex ist und die einzelnen Menschen darin individuell ein komplexes Verhalten zeigen und durch ihre Interaktion zum Verhalten des Gesamtsystems beitragen.

Nicht die Vorhersage ist das Essentielle, sondern das Wissen um die Nichtvorhersagbarkeit und die Möglichkeit, zukünftige Entwicklungen abschätzen zu können.

Dazu gehört auch, die Effekte in komplexen Systeme zu verstehen und zu akzeptieren. Nichtlineare und nichtkausale Systeme sind für den Menschen schwer zugänglich. Er versucht deshalb, sie sich durch einfache Modelle zu erklären. So entstehen auch Theorien, die erklären sollen warum das Gesamtsystem so reagiert und wie es von einer unsichtbaren Macht gesteuert wird. Nicht nur geheime Zirkel, die nach der Weltherrschaft streben und dazu weltweit komplexe Systeme koordinieren, sondern auch die vielfältigen Götter, der Kampf „Gut gegen Böse" oder wissenschaftlich klingende Erklärungstheorien wie die

„unsichtbare Hand des Marktes" werden dann herangezogen. Die Komplexität realer Systeme wird so auf einfache Zusammenhänge reduziert, anstatt ihre Komplexität anzuerkennen und in Erklärungen, Planungen und Entscheidungen zu berücksichtigen.

Für den Manager geht es nicht nur darum, selbst die Effekte in komplexen Systemen zu erkennen, sondern auch darum, in der Kommunikation nach innen und außen eine gute Balance zwischen der Komplexitätserklärung und der Komplexitätsreduktion zu finden.

Wer führt, muss die Welt erklären

Die wichtigste Aufgabe besteht aber darin, allen Personen im eigenen Einflussbereich diese Kompetenz zur Beurteilung von Effekten zu geben, und sie so gegen den Einfluss von Panik und Parolen widerstandsfähig zu machen. Der Leitspruch der Aufklärung „Sapere aude" – wage (selbst) zu denken – geht auf Immanuel Kant (1783) zurück:

> Aufklärung ist der Ausgang des Menschen aus seiner selbstverschuldeten Unmündigkeit. Unmündigkeit ist das Unvermögen, sich seines Verstandes ohne Leitung eines anderen zu bedienen. Selbstverschuldet ist diese Unmündigkeit, wenn die Ursache derselben nicht am Mangel des Verstandes, sondern der Entschließung und des Mutes liegt, sich seiner ohne Leitung eines andern zu bedienen. Sapere aude! Habe Mut, dich deines eigenen Verstandes zu bedienen! ist also der Wahlspruch der Aufklärung.

Geißler (2013) überträgt die Forderungen der – seiner Meinung nach noch nicht umgesetzten oder gar vollendeten – Aufklärung auf das 21ste Jahrhundert:

> Diese Überlegungen machen deutlich, dass die Vernunft der Aufklärung eine Symbiose bildet mit der Achtung der Menschenwürde. Doch eine solche aufgeklärte Vernunft ist nicht selbstverständlich, sondern muss immer wieder aufs Neue verteidigt und durchgesetzt werden.

Dies ist eine wichtige Aufgabe des Managers. In Abwandlung des Eingangszitats und in Zeiten des Postfaktischen hätten wir auch einen bekannten Werbe-Slogan abwandeln können: „Lasst euch keine falschen Modelle aufbinden."

7.2   Konsequenzen

Der optimale Manager
Zum Schluss fassen wir einige Ideen und Erkenntnisse schlagwortartig zusammen.

Wie sollen Manager rechnen?
* Prinzipiell: Der Manager soll immer dann, wenn er Zahlen braucht, diese herleiten können. Dabei kommt es mehr auf die Bestimmung der Größenordnungen mit der notwendigen Genauigkeit und Verlässlichkeit an, als auf die hohe Anzahl der Nachkommastellen.
* Modellbasiert: Das Rechnen soll sich nicht auf Formeln konzentrieren, deren Anwendungsbereich häufig nicht klar ist, sondern von der Realität ausgehen und die relevanten Größen in das richtige Verhältnis setzen und dann berechnen.
* Sensibilitätsorientiert: Obwohl die Mathematik selbst exakt ist, sind die Rechenergebnisse aufgrund der Ungenauigkeit in den Ausgangsdaten oder Zusammenhängen immer mit Unsicherheit behaftet. Diese Unsicherheit muss berücksichtigt werden, insbesondere wenn man Differenzen großer Zahlen betrachtet.
* Ganzheitlich: Die Berechnung muss die relevanten Effekte berücksichtigen und darf sich nicht auf Teilaspekte konzentrieren. Jede Abgrenzung und Einschränkung des Modells muss bewusst erfolgen, sich an den Zielen der Rechnung orientieren, bewusst gemacht werden und mit ihren Risiken und möglichen Nebenwirkungen berücksichtigt werden.

Wie sollen Manager denken?
* Qualitativ und Strukturiert: Die wichtigste Fähigkeit im Umgang mit komplexen Systemen und Situationen ist das Strukturieren und Finden des richtigen Maßes an Strukturen. Dazu braucht man Modelle der unterschiedlichen Abstraktionsebenen zur Analyse, Entscheidungsfindung, Synthese und Kommunikation.
* Quantitativ: Die richtige Abschätzung vom Mengen und Größenordnungen ist für die Analyse und Strukturierung wichtig.
* Zielorientiert: Management ist immer an Zielen ausgerichtet. Diese müssen einerseits definiert werden, andererseits sollen sich alle Überlegungen daran ausrichten.
* Führungsorientiert: Management bewegt sich nicht in abstrakten Räumen, sondern hat immer mit Menschen zu tun.

Wie sollen Manager managen?
- Entscheidungsorientiert und an primären Zielen orientiert
- Berücksichtigung der Dynamik und externer Einflüssen
- Berücksichtigung von Zufall und Risiko
- Schaffen von Strukturen
- Orientierung an Menschen.

Wo sind die Grenzen einfacher mathematischer Modelle?
- Die Welt ist nicht statisch.
- Die Welt ist nicht deterministisch.
- Die Welt ist nicht einfach.
- Die Welt ist nichtlinear.
- Es gibt immer eine Variable mehr.

Warum ist Mathematisches Denken wichtig?
- Modellbasiertes Entscheiden gibt eine verlässliche Basis, Sicherheit und Stabilität.
- Erfolgreiche Entscheidungen müssen Zahlen, Zusammenhänge, Zeit, Zufall und Ziele berücksichtigen.
- Schaffung und Erkennen von Strukturen ist die wichtigste Basis für den Umgang mit komplexen Systemen.
- Die Kreativität der Mathematik hilft auch beim Finden von Lösungen und Ideen.
- Modelle und Strukturen sind eine wichtige Basis von Kommunikation und Führung.
- Mathematik ist die Basis der Ideen, die das 21ste Jahrhundert prägen.

Literatur

Bell, E. T. (1951). *Mathematics – Queen and servant of science*. Washington: Mathematical Association of America.

Geißler, H. (2013). *Sapere aude! Warum wir eine neue Aufklärung brauchen*. Berlin: Ullstein Hardcover.

Greuel, G.-M., Remmert, R., & Rupprecht, G. (Hrsg.). (2008). *Mathematik – Motor der Wirtschaft*. Berlin: Springer.

Holzbaur, U. (2000). *Management*. Ludwigshafen: Kiehl.

Holzbaur, U. (2013). *Manager-Kochbuch. Was Manager vom Kochen lernen können*. Stuttgart: Steinbeis-Edition.

Polya, G. (1971). *How to solve it – A new aspect of mathematical method*. Princeton: Princeton university press.

© Springer Fachmedien Wiesbaden GmbH 2018   103
U. Holzbaur, *Mathematik für Manager,*
https://doi.org/10.1007/978-3-658-19664-6

The manufacturer's authorised representative in the EU is Springer
Nature Customer Service Centre GmbH, Europaplatz 3, 69115 Heidelberg,
Germany. If you have any concerns regarding our products, please
contact ProductSafety@springernature.com

Printed and bound by CPI Group (UK) Ltd, Croydon, CR0 4YY
27/04/2026
02097655-0006